Für Manager
und solche, die es
(lieber nicht)
werden wollen

GLOBALISCH

Weltsprache der Zukunft?

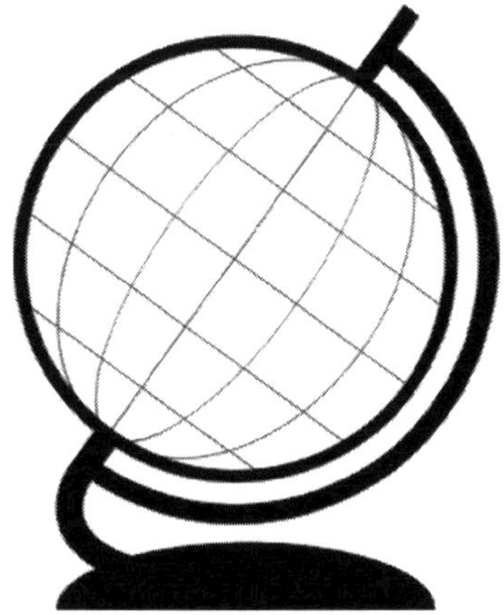

Verständliche Sprache
ist Balsam fürs Business

Inhalt

Vorwort 5
Auf Deutsch gesagt 8
Globalisch 10
Start-ups 13
AKÜFI 15
Neue Berufe 16
Das UWG 20
IT-Tools 27
Die Nahe-dran Interpretation 29
Fachsprache 31
Lyrik 32
Umgangssprache 41
Text Mining 54
Künstliche Intelligenz als (Um-)Weltretter 59
Ein paar Stories zum Thema Hilfe durch Technik 65
Um den Wert der Sprache und die Vorzüge des Englischen 68
BUSINESS-SPRACHE 72
FÜHRUNGSSTILE 74
DATENSCHUTZ 89
Handel im Wandel 91
Gesetze und Gesetzmäßigkeiten 95
Weise Sprüche von Prominenten 98
Die 12 Programmierer- Gebote 100
Die 10 Prozessor-Gebote 101
EOM - End of Mouse 109
Rotkäppchen auf Amtsdeutsch 111
Rotkäppchen für Hacker 113
FIRMEINTERNE SPRACHE 118
Typische Probleme beim Übersetzen mit Computern 125
Seminar für Sprachwissenschaft 129
Computerlinguistik 142
FACHBEGRIFFE, TITEL UND ABKÜRZUNGEN 146
Zum Schluss 163
FAZIT 165
WORKLIFE BALANCE 167

Vorwort

Wie sagte einst Professor Higgins: „Die Sprache macht den Menschen, die Herkunft macht es nicht!“

Sprache ist das Mittel der Kommunikation, die sich stets weiterentwickelt und viele Ausdrucksformen kennt: Körpersprache, Gestensprache, Stimme und Schrift. Der Klang einer Stimme allein kann schon Emotionen hervorrufen so wie Musik, weich und sanft, hart und herrisch, einschmeichelnd und schrill.

Alle die, die die Sprache zum Beruf gemacht haben – Journalisten, Autoren, Übersetzer – wissen, dass man durch Worte Bilder entstehen lassen und Einfluss ausüben kann. In einem geschriebenen Text fehlt der Klang der Stimme. Aber die Wahl der Worte, die Vielfalt der Ausdrucksweise, die Fähigkeit, Gefühle in Worten auszudrücken, ersetzen die Stimme und malen Bilder vor unsere geistigen Augen.

In der Geschäftswelt ist das nicht anders, oder auch ganz anders. Business will Rendite, also etwas Kalkulierbares. Folglich gibt es Übersetzungstools, die die Übereinstimmungen (Matches) zwischen schon einmal übersetzten und neu übersetzten Text zählen oder die Nichtübereinstimmungen (Mismatches), was wiederum mathematisch unterteilt wird in halbe und viertel Matches. Für die lebendige Sprache ein Unding – eigentlich. Dennoch werden findige Verkäufer nicht müde, solche „Tools“ anzubieten, denn hier kann man die Sprache „messen“, also mengenmäßig bestimmen, was so ähnlich ist, als wenn man Goethe nach Metern kauft oder Musik nach dem Gewicht der Tonträger.

Wer Karriere machen will, der weiß um die Macht der Sprache, aber oft nicht, wie er sie anwenden soll. Hier helfen nur Beispiele, anhand derer man selbst sehen und empfinden kann, ob das die eigene Sprache ist oder eine, die künstlich erzeugt und uns aufgezwungen wird.

Wie auch immer. Dieses Buch behandelt ein ernstes Thema – ein sehr ernstes Thema sogar, wenn es um Sprache allgemein und um Übersetzungen im Besonderen geht.

Viele menschliche Tätigkeiten werden durch Roboter ersetzt. Seit Jahrzehnten werden Anstrengungen unternommen, um auch die Sprache zu „verrobotern“.

Will man heute etwas wissen und sucht danach im Internet, wird man gefragt, ob man ein Roboter ist. Das sollte uns zu denken geben. Tun wir aber nicht. Wir klicken auf „Nein“. Natürlich. Natürlich?

Manager, also Geschäftsführer oder Projektleiter, werden in diesem Buch sicher Erkenntnisse gewinnen, die sie für ihre Aufgabe nutzen können, wenn sie es nicht ohnehin schon tun.

Ob Sie nun Manager sind oder werden wollen oder auch nicht, die Sprache ist eins der wichtigsten Instrumente, den Anderen zu erreichen. Und dennoch gibt es hier in der Wissenschaft kontroverse Gedanken und Ansichten.

Damit dieses Buch ein Lesevergnügen wird und bei Weitem kein trockener Unterricht oder eine anmaßende Belehrung, ist es höchst variable gestaltet - wie die Sprache eben, die allen Automatisierungsversuchen zum Trotz dennoch lebendig und vielseitig geblieben ist.

Jeder sucht sein Alleinstellungsmerkmal (USP = Unit Selling Point). Es gibt viele Übersetzer, die eine oder mehrere Fremdsprachen beherrschen. Und es gibt viele, die verantwortlich sind oder Verantwortung für Andere (Kollegen oder Auftraggeber) übernehmen, um mit ihnen ein gemeinsames Ziel zu verfolgen.

Profit in diesem Sinne wäre zu einseitig. Der Kölner sagt so herrlich klar und deutlich, was man noch oder unbedingt haben muss: „Spass anne Freud."

Auch „Spass anne Sprache"?

„Als ich nach Deutschland kam, sprach ich nur Englisch, aber weil die deutsche Sprache so viele englische Wörter hat, spreche ich jetzt fließend Deutsch!" (Rudi Carell; 1934 - 2006).

Na, dann! Nachtigall, ick hör Dir Globalisch.

Globalisch zeichnet sich bereits ab. Anzeige eines Unternehmens auf der Suche nach Personal. Erstaunlich hier: Es wird gesiezt und nicht geduzt!

Job ge-Fell-ig? Sie haben die richtige Fährte gewittert. Ab XXX zu einer Aufgabe, die Sie wirklich verdient haben. Worauf es ankommt: "All Jobs All People" worldwide – das ist unsere Vision!
Job-Beschreibung (w/m)
Standort: Deutschland

Auf Deutsch gesagt

Spaziert man heute durch deutsche Städte, hat man den Eindruck, man wäre im Ausland. Stirbt die deutsche Sprache aus? Dominiert Englisch? Eine sehr berechtigte Frage, wenn man die künftige Entwicklung von den jüngsten ‚Fundstücken' (2019) ableitet: BAYER in Deutschland empfiehlt dem DEUTSCHEN Publikum:

Science for a better life
Can we live better? *[gefunden von Annette Scheulen, Übers.]*

Gibt es noch andere Alternativen der Kommunikation in unserer globalisierten und digitalisierten Welt? Vielleicht noch nicht, aber eventuell schon bald!

Egal, ob Sie im Freundes- und Bekanntenkreis fremde Kulturen um sich haben oder mit ihnen in Geschäftskontakt stehen oder mit ihnen ins Geschäft kommen wollen, man muss eine Sprache sprechen, die alle verstehen. Besonders im Berufsleben kann das nur eins bedeuten: Karriere ohne eine Fremdsprache – undenkbar.

Noch! Aber dem Global Mindset, also der Fähigkeit, unterschiedliche Kulturen zu verstehen und mit einander in Einklang zu bringen, muss logischerweise auch eine globale Sprache folgen: GLOBALISCH. Wie wird sie aussehen? Wie ein Sprachen-Eintopf mit Überraschungseinlage? Brauchen wir einen Sprachkommunikator? Übersetzungshilfen werden schon seit langem angeboten wie warme Semmeln. Aber eine App macht noch keinen Freund und ist auch kein Garant für einen bleibenden Geschäftskontakt. Der entsteht erst, wenn die künstliche Intelligenz aus vorgedachten Texten durch die menschliche

Intelligenz der intuitiven Wortwahl zu einer verständlichen Sprache wird. Nicht alle haben es mit ausländischen Mitbürgern zu tun. Aber selbst untereinander drücken wir uns oft so aus, dass uns keiner mehr versteht. Für deutsche Geschäftsführer und Manager gilt: Verständliche Sprache ist Balsam fürs Business. Ob ein Chef Anweisungen erteilt oder Wünsche äußert, oder ein Vorgesetzter seine Leute motivieren will, er muss das immer so tun, dass man ihn auch versteht. Manche Bedienungsanleitungen muss man dreimal lesen, bis man sie verstanden hat!
Lassen Sie sich entführen in die Welt der Kommunikation, in die Welt der Sprache – die so bunt, so vielseitig und so aufregend ist, wie die Welt nun einmal ist. Deshalb sind auch die Beiträge so bunt und so vielseitig wie die Welt – ein Strauß voller Tatsachen und Visionen – eben einfach „globalisch“! - Bitte lächeln!

Wem das Lächeln fehlt, fehlt ein Flügel!
Truman Capote (1924 -1984),
US-Amerikanischer Autor

Globalisch

Globalisch ist eine Weiterentwicklung von Denglisch und damit die zukunftsweisende Business-Sprache der Welt.

Sie besteht aus 6 Teilen Ausländisch und 1 Teil Inländisch, hier Deutsch. Folglich kann man Deutsch als dominantes Mittel der Kommunikation in unserem Land vernachlässigen.

Von keinem deutschen Manager wird ernsthaft mehr erwartet, dass er seine eigene Muttersprache spricht. Damit würde er in der globalisierten Welt auch nicht weit kommen. „Muttersprache" unterstellt, dass es sich um eine einzige Sprache handelt, nämlich die der Mutter, ohne Rücksicht darauf, dass ja auch der Vater eine Sprache spricht.

Anders als in der Geschäftswelt, kommt im Privatleben der Vater manchmal abhanden - also bleibt man besser bei der Mutter und damit bei der Muttersprache. Man passt sich an und nimmt alles auf, was nach heute gängiger Meinung für die Kommunikation mit aller Welt wichtig erscheint, um einen positiven Eindruck zu hinterlassen und als weltoffener Mensch oder global denkender Betrieb respektiert zu werden.

Folglich spickt man seine Sprache mit vielen Fremdwörtern und Abkürzungen, völlig davon überzeugt, dass diese Sprache von Jedermann in der Welt verstanden wird. Aus Zeitmangel sucht man nicht nach der Bedeutung eines Fremdwortes, sondern wendet es einfach an, obgleich es im jeweiligen Land oft anders interpretiert wird.

GLOBALISCH

Jeder kann mal Unsinn reden ...
... schlimm wird es erst,
wenn er's feierlich tut.
(Montaigne)

Das Fatale daran ist: Man geht (allen Ernstes) davon aus, dass die Zugehörigkeit zu einer Schicht – also einer gehobenen und einer mittleren oder unteren Bildungsebene – sich nicht nur im Lebensstil, sondern vor allem im Sprachstil manifestiert.

Die vorherrschende Meinung ist: Je höher der Intelligenzquotient (IQ), desto größer der Wortschatz, und je größer der Wortschatz, desto länger die Sätze, um diesen Wortschatz demonstrativ unterzubringen. Also macht man lange Sätze und packt sie voll mit in- und ausländischen Begriffen der Umgangssprache und mischt sie mit der Fachsprache als sichtbarer und hörbarer Beweis für die Zugehörigkeit zur Oberklasse (Upper Class). Die anderen Manager auf der gleichen Ebene sehen das genauso.

Die Gemanagten aber nicht immer. Für sie ist es selbstverständlich, dass der Vorgesetzte der Lenker und Leiter ist. Aber für kompetent halten sie ihn erst, wenn er ihnen präzise sagt, was sie wie wann und wo und möglichst auch warum oder wofür tun sollen, und das muss natürlich auch mit ihrer Facharbeiter-eigenen Sachkompetenz und -Tätigkeit in Einklang stehen (sonst handelt sich der Chef schnell die Wertschätzung ein: „Der hat keine Ahnung" - gar nicht gut für das Management-Image).

Sprache ist das beste Mittel zur Kommunikation. Um Missverständnisse zu vermeiden, gibt es Glossare und Gedächtnisstützen, sogenannte Memory Tools (MT), aber die Vielzahl dieser Tools und deren Uneinheitlichkeit macht das Arbeiten mit ihnen nicht eben leicht. Das Lesen solcher Bedienungsanleitungen ist zeitaufwendig und erfordert höchste Konzentration.

MT – Memory Tools

- rk -

„Was steht in Deiner Bedienungsanleitung eigentlich unter „Umgang mit Mädchen?"

Start-ups

Kommende Manager!

Auf der Leipziger Buchmesse (die bekanntlich Wert auf Sprache legt) wirbt man um Neueinsteiger in die Buch-Branche und unterstreicht die Wichtigkeit des Gedankenaustausches mit anderen Gründern so:

> *Wenn man in den Speed-Datings des startup clubs auf etablierte Player trifft, geht es nicht um den fixen Deal, eher um Vernetzung.*

Zur Generation Smartphone:

> *Wer die nachfolgenden Generationen erreichen will, muss ihr mediales Nutzungsverhalten verstehen. 15-jährige erledigen heute alles per Smartphone.*

Und wie erledigen sie was und wo in Zukunft?

Zitate aus „bücherleben“ Ausgabe September 2015 (!):

> *Immer drin (im Netz): Für die Digital Natives ist das Netz immer verfügbar – wie die Luft zum Atmen.“*

Bis heute hat sich daran nicht viel geändert. Das aber hat weitreichende Konsequenzen. Und wer ist nun an dieser Entwicklung schuld? Die Medien? Das kann man denen aber nicht übelnehmen, denn das ist ja ihr Job und damit ihr „Business“. Und ihr Business ist auch unser Business.

Und wenn es nicht klappt mit dem Business, findet sich bestimmt Jemand, dem man die Schuld zuweisen kann. Wie im Privatleben auch – nur jetzt digitalisiert.

Schuldzuweisung

Fehlermeldung

Schuldzuweisungen
sind heute weitgehend automatisiert
und häufig anonymisiert

AKÜFI

Abkürzungsfimmel

Den Fimmel für Abkürzungen gab es schon immer. Sie sind ein Kreuz und damit auch schuld an Missverständnissen und Fehlern aller Art.

Die vielen neuen Abkürzungen und Namen für Berufsbezeichnungen sorgen eher für Verwirrung als für Verständnis. Sie werden in Ermanglung einer passenden deutschen Entsprechung einfach so übernommen. Das klingt gut, auch wenn es keiner versteht oder sich der „Aha“-Effekt erst nach Recherchen einstellt.

Mit dem CIO hatten wir schon Schwierigkeiten, erst recht mit dem CDO, von dem auch keiner so recht weiß, was der eigentlich macht. Heißt CDO jetzt Chief Digital Officer oder doch Chief Destruction Officer? Und was digitalisiert oder destruktiert oder zerstört der denn und wie und warum? Ist ein CDO der Mann mit der Abrissbirne?!

Nachfolgend ein paar schöne neue Berufsbezeichnungen. Manche sind schon „etabliert“, wie Blogger beispielsweise, oder Instagrammer. Es gibt noch eine Reihe anderer Bezeichnungen und es werden nicht die letzten sein. Die Entwicklung geht weiter – nein, sie rennt weiter. Und es wird sich mehr und mehr im oder über das Internet abwickeln – Ziel: Symbiose aus Selbstwertefühl und Geldquelle, also Online-Business. - Hier können Sie Follower (ohne ‚s‘) durch Klicks gewinnen – ganz easy.

Sehen wir uns einige der neuen Aktivitäten einmal an.

Neue Berufe

Influencer

Dieser Beruf oder besser dieser Job oder diese Tätigkeit bezeichnet keinen Krankpfleger oder Grippeüberträger, sondern Jemand, der über das Netzwerk Andere so beeinflusst, dass diese etwas kaufen, von dessen Wert dann etwas in die eigene Tasche zurückfließt. Statt Notizen, Markierungen oder Notizzettel werden in den sozialen Medien wie Instagram, Twitter und Facebook (sprich Fäjsbuck nicht Fazzebuck) heute Hashtags (sprich: Häschtäägs) benutzt. Laut Wikipedia ist ein „Hashtag" ein mit einem Doppelkreuz (Nummernzeichen #) versehenes Schlagwort (z.B. #mbb), um Nachrichten mit einem bestimmten Inhalt oder zu bestimmte Themen auffindbar zu machen. Weil manche Begriffe aber mehrere Bedeutungen haben, sollte man erst einmal denken und dann handeln – was auch für alle anderen Tätigkeiten kein schlechter Grundsatz ist.

Explanator

Ein ebenfalls neuer Beruf ist der „Explanator", klingt ein Bisschen so wie Gladiator, was der Sache aber recht nahekommt. Früher nannte man ihn „Lokalisierer", meinte damit aber nicht den „Kneipengeher", sondern einen, der das Lokalkolorit in die Zielsprache seiner Übersetzer übernimmt, auf Landesebene. Der Explanator ist längst überfällig. Er überträgt einen komplizierten und damit schwer verständlichen Text aus einer Ausgangssprache in einen leicht verständlichen Text in der Zielsprache, weil er den Inhalt versteht, anpasst, umformuliert und damit erklärt. Das ist wichtig für die global arbeitende Wirtschaft, denn der hohe IQ der Ingenieure schlägt sich in deren Ausdrucksweise nieder und macht Übersetzungen oft zur Mammutaufgabe. Ein Übersetzer übersetzt immer nur so gut, wie er seine eigene Sprache beherrscht sowie die Fachsprache und/oder den Wortschatz seiner Zielgruppe. Und diese Zielgruppe oder die Zielgruppen sind so verschieden, wie es Tätigkeiten und Sprachen gibt. Der Explanator (Deutsch: Fachübersetzer) macht sich also die Mühe, nicht nur 1 zu 1 zu übersetzen (das könnte der Computer auch), sondern sich in die Zielgruppe hinein zu versetzen, deren Ambitionen oder Erwartungen zu erfassen und seine ‚Übersetzung' dann dem Denken und der Sprache dieser Zielgruppe anzupassen. Keine leichte Aufgabe, aber zum Glück bestehen manche Zielgruppen nicht nur aus Akademikern.

Wortschatz der Zielgruppe

Scheißleben - Binärer Gruppencode

Umgangssprache
der Aussteiger-Community

Blogger

Blogger ist ein Job, eine Tätigkeit, weniger ein Beruf, aber man kann auch damit Geld verdienen. Wenn man also den ganzen Tag zu Hause sitzt und sich mopst, kann man sich eine überschaubare Ausrüstung zulegen und sich dann mit Bildern oder Videos im Netz präsentieren oder eigene Ideen zeigen, sofern man welche hat. Man kann eigene Rezepte vorstellen oder fremde Modeartikel zeigen oder auch artgerechtes Katzenfutter – Mäuse in Aspik oder Goldfisch-Ragout – Hauptsache, es wird geteilt (damit möglichst Viele ein Stückchen mitbekommen, also die Köstlichkeit verteilen).

Blogger ist ein zusammengesetzter Begriff aus dem B für Web und dem englischen Begriff für Protokoll „Log". Wenn man also etwas im World Wide Web protokolliert, dann blogged oder bloggt man, und wenn man das als alternative Einkommensquelle betrachtet, dann ist man eben ein Blogger.

Kling einfach. Ist es aber nicht. Neben der Ausrüstung, also PC, Laptop, Webcam oder Kamera, muss man auch wissen, wie denn das so alles zusammen funktioniert und was man beachten muss. Das hier in diesem Buch zu beschreiben, würde den Rahmen sprengen. Hier soll ja nur allgemein auf neue Berufe hingewiesen werden. Wer sich aber dafür interessiert, kann sich durch das Internet lesen oder einen Fernkurs belegen. Ist man dann besonders erfolgreich, hat man also den Verkauf seiner Protokolle bzw. Berichte gewinnbringend gemanagt, ist man zwar auch eine Art Manager, nicht zu verwechseln mit Art-Manager, Blogger kann aber ebenso gut ein Ausbildungsberuf werden, wie beispielsweise die Spielkasino-Glücksritter, über die jüngst die japanische Presse berichtete.

Vielleicht gibt es ja bald einen Master of Business Blogger (MBB). Der sitzt dann zu Hause in seinem Home-Office und blogt, wobei das Home-Office (HO) auch mobil sein kann und keinen festen Standplatz in einer Wohnzimmerecke haben muss. Man muss also keineswegs nur zu Hause herumsitzen, sondern kann getrost in die Umwelt traben und seine Berichte auf dem nächsten Baumhaus oder einem gerade unbesetzten Hochsitz schreiben. Egal wo, überall gilt:

Verständliche Sprache
ist Balsam fürs Business

Abmahngate

Bigi Blocksburg (Name geändert) ist Influencerin. Sie hat zwei Blogs und mehrere Tausend Follower (ohne 's'). Eines Tages bekommt sie eine Abmahnung, weil sie in ihren Beiträgen Modeartikel gezeigt und auf die Instagram-Accounts der Hersteller verlinkt habe, ohne das als Werbung (z.B. durch den Hinweis "Anzeige") kenntlich gemacht zu haben. BB verteidigte sich damit, dass sie keinerlei Gegenleistung erhalten habe und mit den Verlinkungen ihre Follower nur auf Bezugsmöglichkeiten hinweisen wollte. Deshalb gab sie die verlangte Unterlassungsverpflichtung nicht ab. Das Gericht verurteilte sie mit der Begründung, dass BB als Unternehmerin mit ihren Postings den Wettbewerb der verlinkten Hersteller gefördert habe, ohne den kommerziellen Zweck dieser Handlung deutlich zu machen. Das Ziel von BB sei gewesen, die Entscheidung ihrer Follower (auch hier ohne ‚s') in Bezug auf die dargestellten Produkte zu beeinflussen ...

Ist die Entscheidung bzw. die Begründung des Gerichts richtig? Ist es ein „absurder" Angriff auf die freie Berichterstattung in den Social Media? Oder dient das Urteil berechtigterweise dem Schutz der Verbraucher gegen Schleichwerbung im Internet? Was besagt denn dieses Gesetz gegen unlauteren Wettbewerb eigentlich?

Das UWG

(Das Gesetz gegen unlauteren Wettbewerb)

Das UWG besagt unter anderem:

Es ist untersagt, den kommerziellen Zweck einer geschäftlichen Handlung nicht kenntlich zu machen, sofern sich dieser nicht unmittelbar aus den Umständen ergibt, wenn das Nicht-kenntlichmachen geeignet ist, den Verbraucher zu einer geschäftlichen Entscheidung zu veranlassen, die er sonst nicht getroffen hätte."

Aha. Im Klartext: Ein Influencer kann bestraft werden, wenn er oder sie zu Geschäftszwecken eine Anzeige aufgibt, diese aber nicht als Anzeige deutlich macht und so einen Verbraucher verleitet, etwas zu kaufen, was der sonst nicht gekauft hätte. Halten wir eine Äußerung in den Medien für neutral und objektiv, sind wir weniger kritisch, als wenn wir Werbung sehen. Das UWG will das Geschäftliche vom Nicht-Geschäftlichen trennen und erklärt das in einem Paradebeispiel für Juristendeutsch:

„Jedes Verhalten einer Person zugunsten des eigenen oder eines fremden Unternehmens vor, bei oder nach einem Geschäftsabschluss, der mit der Förderung des Absatzes oder des Bezugs von Waren oder Dienstleistungen oder mit der Durchführung eines Vertrags über Waren oder Dienstleistungen objektiv zusammenhängt."

Ein „objektiver Zusammenhang" besteht, wenn das Verhalten vorrangig das Ziel hat, den eigenen oder den Absatz Dritter zu fördern. Kein objektiver Zusammenhang besteht zum Beispiel mit redaktionellen oder künstlerischen Zielen, das heißt nach presserechtlichen Maßstäben, dass es sich um inhaltlich, grafisch oder sprachlich bearbeitete Angebote handelt, die der öffentlichen Meinungsbildung dienen.

Was bedeutet das nun für die Zukunft als Influencer?

Umgang mit Beamten

Beamten bekämpft man am Besten,
indem man ihre Vorschriften befolgt.

IT Food Master
Für die informative Nahrungskette

Es musste ja so kommen. Irgendwann blickt keiner mehr durch. Bits und Bytes umschwirren uns, vermischen sich mit unseren grauen Zellen, bringen die Gene zum Flattern und die IT-Welt zum Platzen. Keine Firewall schützt, kein VAP (Viren-Abfang-Programm) lässt Gnade vor Recht ergehen. Es hilft nichts. Wir müssen da durch.

Von Grund auf gesund

Wurzel (Root)
Nouvelle Cuisine

Beta-Carotin-Test

Wir leben nun mal in einer wuchernden IT-Welt und müssen mitwuchern (dick ist chic), oder wir fallen irgendwann durchs Raster des digitalen Netzwerks und müssen dann unser restliches Dasein als Einsiedler fristen oder in einer Normalmensch-Enklave verbringen.

Wenn einer sagt: „Das halt' ich im Kopp nich aus!" dann ist der schon reif fürs Sieb. Also mästet man sich mit Wissen und nutzt die Halbwertzeit des Wissens für das ‚Training on the job', sofern man einen hat (Trainer oder Job).

Fangen wir mal mit der Top-Down Methode an. Also, ganz oben – on top – steht das IT-Endziel, also der globale IT-Master mit ICDL (International Computer Driving License). Das ist eine Art Allround-Wunderknabe mit Osram-Egghead und Oktopus-Gehabe, der sich mit seiner geschmeidigen Anpassungsfähigkeit durch die IT-Welt windet und Spezialwissen aufsaugt. Denn einer allein widerspricht dem festgefahrenen Gedanken des Teamgeistes. Und ohne den geht's einfach nicht in der IT-Welt. Aber ein Leithammel muss sein! Gleichviel! Vom Anfang des Wissens über die Halbwertzeit des Wissens bis hin zum Voll-IQler (Vollakademiker oder MOIN = Master of Intelligent Networking) ist es ein langer Weg mit vielen Nebenstraßen aber gelegentlich auch schönen Aussichtspunkten.

Es wäre doch einem IT-Master ein Leichtes, am Computer ein Gummi-CAD-Netz zu schaffen mit pyramidenähnlicher Struktur. Dieses Netz und seine Netzwerkknoten bilden die IT-Einsteiger, die IT-Fortgeschrittenen, die IT-Spezialisten sowie der IT-Master und dazwischen die Verbindungslinien, die die Kommunikation aufrecht erhalten und den Daten einen komfortables Transport im Elektro-BUS gönnen.

Networking

Netzwerktechnik

Moderne Umsetzung alter Strickmuster

(auch bekannt als „Vitamin B“)

Das Netz mit seinen Knoten verändert sich nicht, wohl aber die Verbindungsstrecken zwischen den Knoten. So kann das Netz sich dehnen oder schrumpfen, Beulen bilden oder Buchten, je nach der Entwicklung des Informations- und Ausbildungsbedarfs. Dazu kann man ein IT-Navigationssystem einbauen mit direkter Zielführung (für Streber), mit eingeplanten Aussichtsstellen (für Genießen) oder mit Zwischenstopps zum Auftanken (für Vorsichtige) oder mit Watchdogs (für IQ-Schlafies).

Ferner kann man Farbmarkierungen vorsehen, z.B. ROT für die Beamtenlaufbahn, BLAU für eine Wirtschaftskarriere, WEISS für Forschung & Entwicklung oder GRAU für das Bildungswesen. Dann kann jeder gleich erkennen, von welchem Knoten zu welchem Knoten er sich hangeln muss, um das ersehnte Nah- oder Fernziel zu erreichen.

Erreicht man sein Endziel nicht, kann man immer noch Unternehmensberater werden oder Kneipier. Eigentlich gar nicht so übel, wenn man wiederum den Kneipier als Endziel betrachtet.

Als „Maître“ de Nouvelle IT-Cuisine kommt man vielleicht ins Fernsehen und macht dort richtig Mäuse (nicht als Gourmet-Speise (z.B. souris surprise), sondern als Entertainer, versteht sich). Die Ernährung der Geistesarbeiter ist neben dem Glaubensbekenntnis an die Allgewalt der Technik eine ganz konkrete Bedingung, wenn man sein geistiges Potential für sich oder Andere erhalten oder ausbauen will.

„Lebenslanges Lernen“ – was für eine Motivation für Schulabgänger! Lernen ist an sich ja schon eine Qual (meistens). Aber das auch noch lebenslang?!
Das wird uns nicht erspart bleiben, ist aber auch nichts Schlimmes,

zurzeit jedenfalls noch nicht.

Was aber unbedingt dazu gehört, ist Lesen und Schreiben. Mag sein, dass auch das durch einen Chip ersetzt wird, den man bei der Geburt oder spätestens beim Eintritt in die Schule ins Ohr gezwickt oder ins Handgelenk gepflanzt oder unter die Fingergruppe geschoben bekommt.

Der Chip im Ohr fällt zwischen den anderen Piercings kaum auf, sorgt aber für die Entlastung des menschlichen Gehirns durch künstliche Intelligenz. Wenn man heute Texte von Abiturienten liest, hat man den Eindruck, so ein Chip im Ohr ist bereits Realität .

Schreiben und Lesen ist immer noch Grundvoraussetzung für jedes Miteinander, und nicht nur, dass man imstande ist, auf einen Knopf zu drücken oder auf ein Schaltfeld zu klicken oder mit einem Fingerwisch die Angebotslandschaft (Apps) an sich vorbeiflitzen zu lassen. Oft braucht man nicht einmal das. Man hält sein Handy einfach auf einen Laser. Zack. Gebucht.

Wohl dem, der einen PFG (Personal Future Guide) hat, der den Weg ins gelobte Land zeigt und notfalls auch das Lesen und Schreiben übernimmt! Jedenfalls wird dieser PFG auf der Karriere-Ebene, von der Grundschule bis zur Uni, erforderlich sein oder werden.

Deshalb gilt: Lerne, was das Zeug hält, und nutze Werkzeuge (Tools), damit Du das Lernpensum nicht nur überhaupt schaffst, sondern auch in der Zeit, die Dir dafür bleibt – bis Du eben Unternehmensberater wirst oder Kneipier.

IT-Tools

Tools sind Werkzeuge, also Hilfsmittel. Zu den neueren Werkzeugen gehören z.B. die multi-fokale E-Brille mit vorprogrammierter Hilfe-Text Einblendung, Tag- und Nacht Lesbarkeit und integriertem Wachhund (Watchdog).

Fortgeschrittene verwenden ein global-intellektuelles IT-Teleobjektiv mit eingebautem FDFS (Floating Destination Follow-Me System), um die sich ständig ändernden Lernziele nicht aus den Augen zu verlieren.

Hilfreich ist auch der TAE (Target Adapter Executer). Das ist einer, der dafür sorgt, dass der Weg dem Ziel angepasst wird. Bisher ist das noch ein Mensch, aber es gibt bereits Alternativen:

Autonomes Fahren. Das ist so, als ob man ein unsichtbares Seil über eine digitale Wolke (Cloud) wirft und sich damit ziehen lässt.

Natürlich muss man die Flut der Informationen auch der IQ-Kapazität entsprechend portionieren. Auch dazu gibt es (jede Menge) Tools mit schönen Abkürzungen,wie

Massendatenkomprimierer
(BDC = Bulk Data Compressor),

Schnellen Datentrenner
(FDP = Fast Data Partitioner),

Datenarteinteiler
(DTC = Data Type Classifier),

Technischen Unsinnfinder
(TDI = Technical Idiot Identifier),

Informationsabwimmler
(IO = Information Outsourcer),

Lieferkettensicherheitsplaner
(SCSO = Supply Chain Security Officer).

Informationsflutberater
(ICC =(Information Chaos Counselor),

um nur einige zu nennen.

Und wenn man von den ganzen IT-Spezies genug hat und die IT-Food ungemastert im Magen liegt, dann sucht man den MD (Message Deleter, und nicht den Medical Doctor!) oder die AUS-Taste und verabschiedet sich mit dem Jedermann verständlichen globalen Gruß:

„IQ“

(I QUIT)

Die Nahe-dran Interpretation

Die Digitalisierung geht weiter und damit auch die Automatisierung im Allgemeinen und die der Sprache im Besonderen – das gilt auch für die Werbung.

Ein Übersetzer hat es da echt schwer, wobei er wenigstens noch Denken kann – als Mensch.

Leichter hat es da der Übersetzungsroboter. Der braucht nicht zu denken. Also liegt der Devil im Detail. Man folgt dem Aufruf eines Outlet-Centers – Come in and find out – Dann irrt man durch den Laden, um den Ausgang zu finden.

Es gibt wirkliche Fehlinterpretationen, also richtig-falsche Übersetzungen und geradezu abenteuerliche Auslegungen, Akronyme oder Abkürzungen. Die Liste ist endlos lang und liegt diesem Buch auszugsweise bei.

Ein Beispiel ist „Keyboard". Hier wird „key" (richtig) als Schlüssel übersetzt und „board" (richtig) als Brett. Aber trotzdem ist Keyboard nicht das Schlüsselbrett, sondern die Tastatur. Ganz besonders schön ist auch die Übersetzung von Manpower mit Manneskraft!!! Freud'sche Fehlleistung? Witzig ist auch „das Viertelpferd", gemeint ist das Quarterhorse.

Um dem geneigten Leser einerseits zum Lächeln zu bringen, andererseits aber auch sein Bewusstsein zu stärken, dass man auch zu viel des Guten tun kann, mischt man UK-und USA-Englisch solange, bis auch hier wieder wahrhaft köstliche Begriffe entstehen und der Computer Übersetzungen liefert, wie:

„Der Geist ist willig, aber das Fleisch ist schwach“,
wurde übersetzt mit:

Der Alkohol ist brauchbar, aber der Braten ist schlecht.
„The alcohol is okay but the roast is weak“

Überhaupt ist die Sprache – geschrieben oder gesprochen - so eine Sache für sich.

Es gibt sogar Übersetzer, die übersetzen von USA-Englisch ins UK-Englische und umgekehrt - im Ernst! Es gibt also nicht nur ein Englisch, sondern viele Versionen von Englisch, je nach Land oder Kontinent (England, Irland, Australien, Indien), was im Übrigen auch für andere Sprachen gilt: Spanisch (Katalanisch, Mexikanisch) oder Portugiesisch (Portugal, Brasilien), oder Chinesisch (Mandarin, Kantonese). Indisch gibt es gar nicht, hier gibt es „nur“ Hindi, Bengalisch, Kashmiri, Nepali, Urdu und viele andere, und alles sind zugelassene Amtssprachen. Ein Fall für ganz hartgesottene Übersetzer oder Globalisten.

Denkbar wären auch Übersetzungen aus dem Lateinischen ins Deutsche, um zum Beispiel medizinische Diagnosen zu verstehen oder Beipackzettel lesen zu können.

Auch Dialekte aus den diversen Gegenden Deutschlands würden sich eignen, die auch nicht in ganz Deutschland verstanden werden, ganz zu schweigen vom Beamtendeutsch generell, das erst recht „übersetzt“ werden muss, damit man das versteht und sich „gesetzes-konform“ verhalten kann. Sprache ist also nicht gleich Sprache, sondern ein Mittel der Verständigung mit Fehlinterpretationspotential. Nachfolgende 2 Beispiele:

Fachsprache

Linguistische Innovation für mehr Volksnähe ist gefragt, damit auch der normale Mensch mit und ohne Migrationshintergrund verstehen kann, was gemeint ist. Beispiel:

Die Vermittlung einer Pflegefamilie für ein Kind ist eine Beelterung.

Eine Familie mit vielen Kindern ist stark bekindert.

Ein Kind, das zur Schule geht, ist beschult.

Ein Blinker ist ein Fahrtrichtungsanzeiger.

Ein Wald mit Tieren ist eine Nutzfläche mit Wildtierbestand.

Ein Wildwuchs ist eine Spontanvegetation.

Ein Grünstreifen ist ein Begleitgrün.

Ein Drehkreuz ist eine Personenvereinzelungsanlage.

Menschen aus dem Volke der Roma sind eine mobile ethnische Minderheit.

Handschellen sind Handschließen.

Ein Leichnam, der per Luftfracht transportiert wird, heißt Hugo.

Siehe auch „Rotkäppchen auf Amtsdeutsch“.

Lyrik

Eine besondere Herausforderung in der sprachlichen Wiedergabe ist die Belletristik, obwohl die nicht immer schön ist, wie das Wort „Belle“ in Belletristik vermuten lässt.

Hierzu gehören Erzählungen, Romane und Gedichte. Hier würde ein Computer definitiv scheitern.

Extrem anspruchsvoll sind Übersetzungen von Büchern aus und in Fremdsprachen, aus der Mundart einer in Vergessenheit geratenen Sprache, ohne den Sinn zu verfälschen.

Nur ganz wenige Übersetzer sind dazu in der Lage.

Hier ein Gedicht in Schönlinder Mundart (Schönlinde liegt heute Tschechien) der deutschen Heimatdichterin Anna Waldhauser, liebevoll genannt „Die Waldhauserin“:

D‘r Winzbergschneuder
D’r Winzbergschneider breete wos,
Wnn dar ee Rickl macht,
Dos sitzt wie ogegossen dro‘,
Diß oll’s ok brunnt und kracht.
Kimm ‚s vier, doß wu ee Faaldl wird
Und ‚s posst Enn‘ nä su rächt,
Do meent ‚r: „Jo – dar Rook is gutt,
Pk dos Gestell‘ is schlächt.“

Ins Hochdeutsche übertragen:

<u>Das Festgewand</u>
Der Schneider nähte kummervoll
an einem Festgewande,
das Knödel-Emma machen soll
zur schönsten Frau im Lande.
Er hatte seine liebe Not,
das ganze Kleid zu raffen,
und schließlich sah er nur noch rot.
„Soll'n doch die Leute gaffen!“
Der Rock saß spack, war rot wie Blut.
Der Emma war das recht.
Der Franz, der nickt: „Der Rock ist gut,
nur das Gestell ist schlecht!“

Aus „Mehr Gedichte“ von Regina Ullrich

Die Landesvielfalt geht nun einmal einher mit der Sprachenvielfalt – die der eigenen Landsleute und die unsere Fans aus fernen Ländern. Der Haken dabei ist: Die Ausdrucksweise muss die Denkweise widerspiegeln. Man „denkt“ woanders auch anders. Und deshalb interpretiert man auch anders, was man als richtig verstanden zu haben glaubt. Hierzu ein Beispiel: Der englische „Bodybuilder“ in der Kfz-Industrie ist nicht der Muskelmann, sondern der Karosseriebauer. Wenn man das mit den heutigen Motorleistungen vergleicht, dann ist das mit dem Muskelmann gar nicht so abwegig – bei XXX PS aufwärts - und das bei der beabsichtigten Geschwindigkeitsbegrenzung generell (oder global) auf 120 km/h! Die Auto-Industrie ist besonders kreativ im Erfinden oder in der Übernahme von fremden Begriffen in die eigene Sprache. Einer dieser Begriffe ist „Touch & Feel“. Seien Sie versichert, dass hier nicht zum „Grapschen“ aufgefordert wird, es wird vielmehr auf eine sinnliche Erfahrung mit dem Interieur hingewiesen (edles Leder, farbkontrastierende Steppnähte, blinkendes Chrom, enge Spaltenverläufe ...).

Für manche Wortschöpfungen gibt es einfach keine direkte Übersetzung. Man überlässt die Interpretation dem Betrachter bzw. dem Übersetzer und hofft, dass bei „Wertanmutung“ im Kopf des Fahrers ein Kinofilm abläuft, der Begehrlichkeiten weckt. Das schöne Wort „Wertanmutung“ hat ein deutscher Autobauer in die Fachwelt gesetzt – im Deutschen hat damit keiner ein Problem, aber der Ausländer schon, wie das mit fast allen Begriffen der Fall ist, die neu entstehen. Sie sind oft nicht 1:1 übersetzbar, weil das den Sinn entstellen würde. Was also tun?

TOUCH & FEEL

Benutzeroberfläche

Etwas Schönes für den Handyman

Man muss solche Begriffe buchstäblich neu erfinden. Und dann benutzt sie auch jeder, und jeder weiß, was gemeint ist, sofern es sich um einen Fachbegriff handelt. Wenn das aber nicht der Fall ist, hat man Erklärungsbedarf. Hier ist eine „passende“ Übersetzung nur etwas für ausgebuffte Sprachenfreaks, die einen neuen Begriff dafür in der jeweiligen Zielsprache finden müssen, welcher sich harmonisch in die Welt der dortigen Branchen und Business-Landschaften einfügen lässt. Ehe man sich aber den Kopf zerbricht, lässt man das Wort einfach so stehen. Bei einem „englischen“ Wort wie „Image“ geht das, bei einem „deutschen“ Wort wie „Wertanmutung“ geht das nicht. Kein anderes Land würde „Wertanmutung“ übernehmen. Hier sind wir nicht Export-Weltmeister.

Die sinngemäße Übertragung eines bis dato unbekannten Begriffs führt zu vielen Ergebnissen, aber selten zu einem Begriff, der dafür unverwechselbar steht und damit überall (global also) verwendet wird. Folglich hört man ein deutliches Aufatmen, wenn sich endlich ein Begriff für so ein unübersetzbares Wort etabliert hat, so dass man dieses Wort gefahrlos (d.h. ohne Missverständnisse auszulösen) anwenden kann. Manchmal kommt auch der ‚Volksmund‘ zu Wort und macht aus ‚Mobile‘ (das sonst ein an der Decke baumelnde Windspiel ist) einfach das ‚Handy‘, weil man das in der Hand halten kann. Herrlich simpel und damit sofort verständlich ist auch der „Handyman“ oder abgewandelt (gespöttelt) der „Can-nie-man“.

Lustig ist auch die Übersetzung von Stromsperre mit Power-Riegel (bei dem man sofort an einen Schokoriegel denkt, der Kraft spendet, also das ganze Gegenteil bewirk). Klar, bei globalen Teams entstehen auch global beeinflusste neue Begriffe, die dann gespeichert und abgerufen werden, bis sie “gang und gäbe“ (nicht gang und gebe) sind.

Apps - Anwendungsprogramme

Besonders beeindruckende Blüten bringen Maschinen-Übersetzungen hervor. Dazu das folgende Beispiel eines Werbetextes (in dem auch das Leerzeichen zwischen fi und nden genauso dastand):

> *Ihre Kunden fi nden Sie bereits, sobald sie nach dein Geschäft suchen.*
> *(12/2016).*

Übersetzungs-Apps sind recht gut für kurze Sätze in der Umgangssprache, aber weniger in der Fachsprache. Die Sätze können eingetippt oder kopiert werden, aber nicht unbegrenzt. Am besten, man beginnt mit einem Test, z.B. mit einem kurzen oder mit einem Standardtext. Bei Bewerbungen klappt das ganz gut.

Die meisten „Automaten" kämpfen mit der Wortwahl, mit der Grammatik oder mit dem Satzbau. Ist ja auch schwierig, wie schon erwähnt. Beispiel:

Aus: *That especially appreciated to me in the job advertisement* wurde: Das mir besonders gefallen in der Stellenanzeige hat.

Eine App pries sich selbst an mit den Worten, sie sei mannschaftsorient (team-oriented), gewidmet (dedicated) und elastisch (resilient). Gemeint ist teamorientiert, engagiert und belastbar.

Schön schrecklich ist auch: Für eine (Zimmer-)Reservierung verlangt ein ins Deutsche übersetzter Hotelprospekt „Bedenken" (reservation). Also, besser man sieht sich das Zimmer vorher an!

Die Umlaute – ä, ö, ü oder das ß – werden oft durch Spielkartenzeichen oder Symbole ersetzt, die das Verständnis auch nicht gerade erleichtern, dafür aber auf eine ausländische Herkunft verweisen (oder auf ein im Ausland geschriebenes Programm oder auf einen ausländischen Absender). Aber es kommt noch besser:

Über mehrere Jahre hat die Autorin, selbst Fachübersetzerin für IT und Technik, falsche und kuriose Übersetzungen gesammelt. So wurde beispielsweise der „Datensatz" mit Data (richtig) und Satz mit Set (richtig) übersetzt, aber ein Data Set oder Dataset ist trotzdem falsch, denn in einer Datei gibt es keine „Sets", dort gibt es nur „Records". Datensatz ist eher ein weißer Schimmel, denn ein Satz (in der Programmierung) enthält immer Daten, nämlich numerische, alphabetische oder alphanumerische. Das weiß der Fach-Übersetzer im IT-Bereich, nicht der Allrounder. Solche selbstgebastelten (self-made) Ergebnisse sind allerdings für den Auftraggeber oder Anwender keineswegs lustig.

Ein Nicht-Fachübersetzer muss erst in Wörterbüchern suchen oder, falls er nicht fündig wird, vor lauter Verzweiflung ein Wort von einem ihm verständlichen Begriff ableiten - weil richtig sein muss, was richtig klingt. Beispiel:

Plausibilität = Plausibility. Mag in der Umgangssprache ja stimmen, aber in der Fachsprache, also in der Programmierung oder IT, gibt es keine Plausibilität. Hier gibt es nur 0 oder 1, Ja oder Nein, richtig oder falsch, auf oder zu, gültig oder ungültig. Eigentlich simpel - wenn man das weiß! Weiß aber nicht jeder. Weiß nur der „Expert".

Ingenieure sind Experten. Besondere Experten sind die

Entwicklungsingenieure. Sie kennen sich in Ihrem Metier aus. Sie sind mit ihrem CAD (Computer-Aided Design) Programm vertraut, kennen die Tücken des Objekts und beherrschen die Fachausdrücke in ihrer und einer oder mehreren Fremdsprachen. Hier liegt nicht das Problem. Das Problem liegt in der Art, wie sie das kommunizieren, also wie sie ihre Worte wählen und verbinden, so dass sie auch im weit entfernten Ausland in ganz anderen Welten als der heimischen verstanden werden. Das, was man in der Muttersprache schreibt, dient dem normalen Übersetzer als Vorlage. Er übersetzt, was dort steht, er „klebt“ also am Text. Ein Fachübersetzer weiß, was gemeint ist, und formuliert den Text um. Ob Ingenieure oder Übersetzer, alle kämpfen täglich gegen einen Berg von Aufgaben an und suchen nach schnellen Lösungen.

Expert Overload

„FIFO ist gut!
Aber wo fange ich an?“

Einfach das übernehmen, was ein Anderer gesagt hat, geht schnell und kann nicht falsch sein. Ist auch besser zu händeln und schneller zu setteln. Der Nächste und Übernächste denkt und handelt genauso und in Windeseile verbreitet sich ein Begriff aus wie eine Epidemie.

Irgendwann ist so ein Begriff dann Standard, denn es weiß mit der Zeit keiner mehr, wie es dazu kam. Es ist deshalb nicht verwunderlich, dass Englisch immer mehr um sich greift. Zu der bequemen englischen Sprache wird sich Französisch und Spanisch, vielleicht auch Japanisch oder Chinesisch gesellen und aus dem schon mal angedachten Esperanto wird dann ein Globalisch, ein nahrhafter Eintopf aus Sprachen fürs Berufs- und Privatleben.

Eine Erklärung gibt es (vielleicht) für das zurzeit noch vorwiegend benutzte Englisch: Es ist so schön simpel. Statt ... zum Mitnehmen heißt es „... to go“, statt „Frauen haben den Vortritt“ heißt es „Ladies first“. Was veraltet ist, ist „out“ und was zurzeit gerade en vogue ist, ist „in“! Und wenn etwas die Größe eines Schreibtisches hat, dann ist das eben desk-sized. Kürzer geht's nicht.

Geradezu furchterregend aber (für jeden Übersetzer und Nicht-Fachmann) sind Kurzbezeichnungen – und die gibt es zu Hauf. Sie erscheinen vielfach, wie andere Einzelbegriffe auch, in vollkommen anderen Zusammenhängen mit vollkommen anderen Bedeutungen!

KO = Knock-Out, Kick-Off, Konsol-Operator, Konkurrenz-Offensive; Kontroll-Organ, ...

Das bedeutet: Wissen und Intelligenz sind unabdingbar, wenn man sich durch das Sprachgewirr kämpfen und den richtigen Begriff herausfiltern muss. Natürlich gibt es auch hierfür wieder einen Fachausdruck: Syntaktische Textanalyse (Dependency Parsing). Hier wird versucht, den Zusammenhang zu ermitteln, um den Begriff dem Textbereich zuzuordnen, zu dem er gehört, man nimmt also eine Text- und Relationsklassifikation vor.

Nur der Übersetzer muss den Unterschied wissen zwischen Klassifizierung und Klassifikation. Kurz erklärt: Die Klassifizierung ist die Tätigkeit und die Klassifikation das Endprodukt.

Maßeinheit für Fortschritt

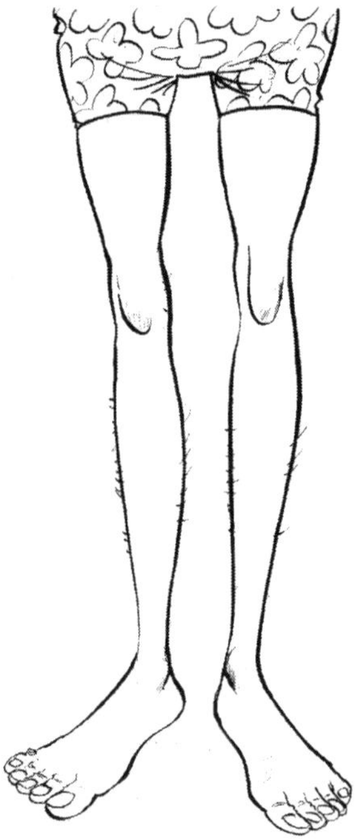

Quanten

Ohne Quanten kein Quantensprung

Unter der Quantentheorie
verstehen nicht alle dasselbe.

Umgangssprache

Sprich natürlich, sprich so, wie Dir der Schnabel gewachsen ist. Verständnis der Sprache – „das kannste knicken!“

Wenn amerikanische Filme zu uns kommen, oder wenn wir uns Nordlandkrimis ansehen, verstehen wir sie nur, weil sie übersetzt sind in unsere Sprache – UND – in unserem Sprachgebrauch. Ein Ganove drückt sich anders aus als ein „Gentleman“, das bedeutet, Milieukenntnisse, Einfühlungsvermögen – UND – Disziplin in der Anpassung an die jeweilige Szene.

Wenn zwei sich heftig anschreien, und der schreit immer noch, obwohl er gerade sein Leben aushaucht hat, dann ist das grotesk. Also muss man die unterschiedlich langen Sprachen dem Geschehen anpassen, damit ein Toter nicht noch weiterredet, wenn er nicht einmal mehr röcheln kann.

Deshalb gibt es präzise Zeiteinteilungen, d.h. Längenvorschriften, die mit der jeweiligen Szene abgeglichen werden. Lippensynchrones Sprechen nennt man das. Je nach den Eigenheiten einer Sprache muss man auch das auf das Wesentliche zusammenziehen. Manchmal bleibt nur noch die Möglichkeit von Untertiteln, wie man das z.B. bei alten Japanischen Filmen sieht.

Ähnlich verhält es sich mit der Übertragung von Romanen von einer Sprache in die andere. Hier sind Redewendungen, persönliche Ausdrucksweisen oder neue Wortschöpfungen eine Herausforderung an die sprachliche Wiedergabe, die ja das geschilderte Geschehen untermauern und nicht verwässern soll.

Redewendungen

Man sollte sich hüten, Redewendungen wörtlich übersetzen zu wollen oder Wortschöpfungen, die man selbst kreiert oder die man landläufig benutzt. Wenn man das tut, dann muss man „rückwärts“ übersetzen, um zu verstehen, was gemeint ist. Oder hätten Sie die „egg producing woolen milk pig“ als Eier legende Wollmilchsau wiedererkannt? Oder: There the dog in the pan becomes crazy – Da wird doch der Hund in der Pfanne verrückt. Oder „Spitz wie Nachbars Lumpi“- Peaky like neighbour's Lumpi“? Oder: „Das kannst Du Dir sonst wohin stecken“ – That you can plug-in where so ever.“ Gut, das ist vielleicht übertrieben, aber es macht deutlich, wie schwer es ist, das Gleiche in zwei verschiedenen Sprachen auszudrücken, ohne es unverständlich werden zu lassen.

Zur Erbauung hier eine (wahre) Begebenheit, die auch Teil eines Romans sein könnte. Die Ausdrucksweise gibt dem Geschehen die ganz eigene Würze.

Whiskey mit Membrane

Es ist immer gut, einen Schutzengel zu haben oder besser noch einen „Fluchtpunkt“. Meiner war Mila, also weiblich, schwarzhaarig, glutäugig, temperamentvoll, eine Seele von Mensch. Ob sie hübsch war, konnte ich nicht so recht beurteilen. Auch die stets große, ständig wechselnde Schar von Verehrern war kein eindeutiges Indiz. Für den Daueraufenthalt in Deutschland brauchte sie einen Mann. Ihr Problem war, dass er auch sonst noch brauchbar sein sollte.

Eine so aufregende Mischung aus Glutofen und Eiszapfen, Lärm und Stille, Geschäftstüchtigkeit und Frivolität konnten nur ganz besondere Männer als Ideal einer Dauerbeziehung ansehen. Diese waren folglich unter den vielen Schwärmern äußerst rar.

Mila (Name geändert) hatte einen Beruf, der für Kummerlinge – nicht Kümmerlinge – geradezu ideal war: Sie war Barfrau. Eine richtig gute. Gelernte Hotelfachfrau, viel herumgekommen und in einer Großstadt am Rhein hängen-geblieben. Das vorteilhafte Licht der Nachtbar verwandelt sie in einen echten Hingucker, mit dem sich prächtig plaudern und flirten ließ. Selbstredend, dass sie zahlreiche Stammgäste hatte. Einer davon war ich. Ich war froh, dass ich mit einem Ziel in die pulsierende Stadt gehen konnte und nicht als streunende Katz herumlaufen musste. Ich besuchte keine Bar, ich besuchte eine Freundin. Das war wahr. Sie war meine Freundin. Und ich? Streunende Katze? Mitnichten. Selbst der allerfeinste Kater hätte keine Beachtung gefunden. Ich dachte nur an einen. Und den beförderte ich dann recht kriminell und final aus meinem Gedächtnis, indem ich ihn ertränkte – natürlich standesgemäß in 24 Jahre altem Whiskey.

In einer Bar kann man keine Freundin besuchen. Man muss Zeche machen. Das sah nicht nur der Barbesitzer gern, sondern auch meine Freundin, die ja Prozente bekam. Also kaufte ich bei ihr eine Flasche sündhaft teuren echt alten Whiskey, auf den sie meine Namen schrieb. Die Flasche blieb dann für mich reserviert. Alle waren zufrieden. Mein pfiffiger Schutzengel hielt unter dem Thekentisch eine Kanne Tee bereit. Dieser Tee hatte die gleiche Farbe wie der Whiskey. Niemand merkte etwas. Hin und wieder spendierte ich meinen Zufallsbekannten einen Whiskey. Das erfreute. Das leimte. So leerte sich die Flasche. Alle waren zufrieden und ich hatte mein Alibi.

Als hätte es das Schicksal so gewollt, war mein Schutzengel an diesem Abend besonders gut gelaunt und sprühte vor Charme. Es war nicht schwer zu erraten, warum. „Erzähl schon. Du hast doch bestimmt wieder jemand kennengelernt.“

Na und ob! Sie war ganz aus dem Häuschen. Endlich mal ein ganzer Kerl mit Auto und Geld und so. Ein Geschäftsmann mit allem Drum und Dran.

„Er sieht toll aus. Ich habe ihn gestern kennengelernt. Wir treffen uns morgen bei mir."

Schon? Naja, Mila ging es nie schnell genug. Ich gönnte es ihr von Herzen.

Zwei Tage später klingelte ich an ihrer Tür. Mein Stadtbummel war beendet, aber für die Bar noch viel zu früh. Mit fiel nichts Besseres ein. Also drückte ich auf den Klingelknopf und wartete.

Nach einer Weile kam eine Stimme aus der Türsprechanlage. „Wer ist da?" Ich gab mich zu erkennen. Die Haustür wurde aufgedrückt.

Als ich die offenstehende Eingangstür aufdrückte und „Mila?!" rief, löste ich einen Tsunami aus. Noch nie hatte ich sie so aufgelöst, so wütend, so völlig durchgedreht und gleichzeitig deprimiert erlebt. Sie war überhaupt nicht zu beruhigen. Offensichtlich kam ich gerade recht, um zum Blitzableiter ihrer Gefühlsausbrüche zu werden. Ich ahnte Böses. Sie jetzt beruhigen zu wollen, war total verkehrt. Sie musste Dampf ablassen. Ich unterließ den Versuch, zog mich in einen Sessel in eine sichere Ecke zurück und verfolgte ihre furiosen Gesten und Bewegungen mit den Augen.

„Das muss man sich mal vorstellen!!! Da verabrede ich mich mit diesem vermeintlichen Traummann, putze wie verrückt die ganze Wohnung, mache mich schön, decke den Tisch, koche etwas

Tolles, lege die schönste Musik auf. Aber er kommt nicht. Ich hasse Unpünktlichkeit!

Schließlich kommt er doch noch mit gehöriger Verspätung.

Ich, inzwischen scharf wie Nachbars Lumpi, kann mich kaum noch beherrschen.

Oh, habe ich gedacht, der bringt mir keine Blumen, der bringt mir ein richtig großes Geschenk. Was war's?

Eine Kaffeemaschine!!!" Ist zwar ein Bisschen ungewöhnlich für ein erstes Rendezvous, aber so schlecht auch wieder nicht – dachte ich. Aber jetzt kommt der Hammer!

Er hat den ganzen Abend nicht an mir herumgefummelt, sondern an seiner blöden Kaffeemaschine! Nicht mir hat er schöne Augen gemacht, sondern irgendeiner Membrane, die in der Heizplatte stecken sollte und den Kaffee auch bei kleiner werdenden Mengen immer in Trinktemperatur hielt. So verbrennt der Kaffee nicht und ist immer genießbar bis auf den letzten Tropfen.
Ja, und damit käme er jetzt ganz groß raus.

Er kam auch raus! Ganz groß sogar. Ich habe ihn rausgeschmissen und seine Kaffeemaschine hinterher. Das war vor knapp einer Stunde. Ich kriege jetzt noch den Fiffi!!"

Die schmerzlich gefühlte Bevorzugung einer Maschine vor einem Menschen war für sie eine Kränkung. Der Kränkende bekam die Gefühle der Gekränkten während seines technischen Erfolgsberichts gar nicht mit.

Er war nur eins mit sich und seiner Erfindung aus Blech. Für ihn war die Maschinen Herzblut, das Ergebnis vieler Grübeleien, Arbeit und Kosten. Er brauchte einen Menschen, dem er das alles von seiner Erfinderseele reden konnte. Denn mit einem erfolgreichen Erfinder leben zu können, war Grundbedingung für ein nachhaltiges Auskommen, sowohl miteiandern als auch materiell. Er unterschied nicht mehr zwischen Mensch und Maschine. Für ihn waren beide gleich und auch beide gleich wichtig. Sie aber sah das ganz anders.

Eine Maschine gibt sich keine Mühe. Ein Mensch schon. Eine Maschine liebt nicht. Ein Mensch schon. Einer Maschine ist es egal, welchen Rang sie einnimmt. Einem Menschen nicht. Also reagierte sie nicht wie eine Maschine, sondern wie ein Mensch und warf den Hoffnungsträger ihrer Zukunft hinaus, samt seiner membran-gesteuerten Kaffeemaschine.

„Der kann sich seine blöde Membrane sonst wohin stecken!" Ihren zusammengekniffenen Augen entnahm ich, dass sie sich das soeben noch einmal bildlich vorstellte und nachlitt. „Stecken wir sie lieber in Whiskey!" empfahl ich vorsichtig lächelnd. Ihre Zündschnur war immer noch kurz. Vorsicht war also durchaus angebracht. Sie stutzte und sah mich durchdringend an. Plötzlich begann sie zu lachen, bis ihr die Tränen kamen.

„Mensch, ich glaube, mit Männern, da haben wir kein Glück. Die sind alle „zäh"!"

An diesem Abend verschmähten wir den Tee und ertränkten unsere Träume in alten schottischen Whiskey, um neuen Träumen Platz zu machen.

Ja, so war das. Mensch und Maschine, für einander und gegen einander. Das Miteinander war und ist wohl nur durch einen

Katalysator zu harmonisieren. Mögen wir in unserer technisierten und digitalisierten Welt immer einen Katalysator finden, damit die Chemie zwischen Mensch und Technik wieder stimmt.

Damit verlassen wir die Welt der Erzählungen und Romane und der Fantasie und gehen wieder zurück auf die Gegebenheiten des Alltags, die unser Leben und auch unser Einkommen und damit unseren Lebensstil beeinflussen, in dem ganz nebenbei das Tässchen Kaffee seinen festen Platz hat.

Künstliche Intelligenz

Weil es hin und wieder an menschlicher Intelligenz mangelt, schafft man eine künstliche. Dafür gibt es natürlich auch einen englischen Fachbegriff „Artificial Intelligence" (AI) und einen deutschen (KI). Ausgeschrieben geht das ja noch mit dem Verständnis, aber wenn AI oder KI nur ganz alleine dasteht – ein Graus! Aber ständig mit einer Abkürzungsliste herumzulaufen, die man sich womöglich auch noch selbst erarbeiten muss, das ist nicht nur uncool, sondern produktive Energie lähmend, also schlicht lästig. Was also tun?

Große Firmen (also gaaanz große global agierende Firmen) sind deshalb dazu übergegangen (notgedrungen), ihren Lastenheften bzw. Spezifikationen eine Begriffsliste beizulegen.

Da aber jede Branche solche Fachbegriffe oder Abkürzungen hat – oft zur Abgrenzung gegenüber der Konkurrenz – kann man die einmal bekannte Bedeutung eines Fachbegriffs (also den Klartext) nicht ohne Weiteres auf andere Firmen der gleichen Branche oder gar auf eine andere Branche übertragen.

Man nimmt das, was man kennt, in der Hoffnung, dass dieser Begriff verstanden wird und sich einbürgert und damit in die allgemeine Fachterminologie aufgenommen wird.

Ein gutes Beispiel dafür ist die Wegfahrsperre, die je nach Hersteller mal Vehicle Immobilisation oder Immobilizer oder Drive Lock oder Driving Lock heißt. Und bei Keyless-go kann man ohne Schlüssel weggehen!

Und „linken" heißt nicht, Jemand übers Ohr zu hauen, sondern eine enge Verbindung einzugehen. Manchmal ist das allerdings dasselbe.

Link

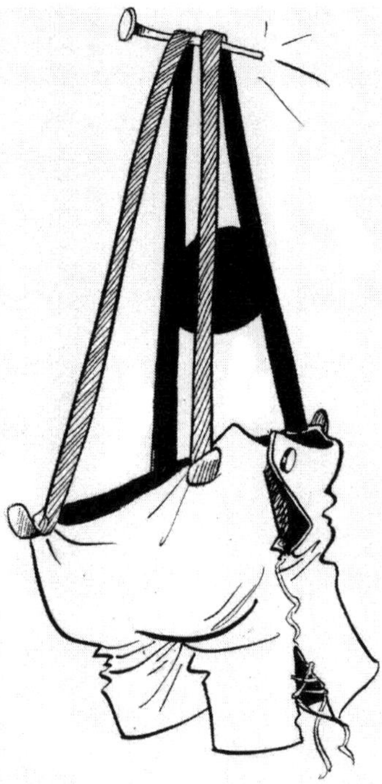

Buchse

Die Hardware
hält die Software in Form.

CAT-Tools (Werkzeuge für computerunterstützte Übersetzungen) sind Hilfen für eine automatische oder eine halbautomatische Übersetzung, eine selbst angelegte Gedächtnisstütze, die die Sprache in erster Linie aber nicht als Mittel zur Kommunikation behandelt, sondern als Materie, die gemessen werden kann. Sehr praktisch. Egal, ob Goethe oder Groschenheft, 100 cm sind 100 cm. 1000 Wörter sind 1000 Wörter. So ein Automatismus hat natürlich seine Tücken.

Eine korrekte Interpretation bzw. Übersetzung ist nur möglich, wenn man die Branche kennt und diesen Begriff dann dieser Branche und dem Unternehmen in dieser Branche zuordnen kann. Interpretieren kann aber nur der Mensch, nicht der Computer.

Dennoch, wegen der schieren Fülle der Begriffe versucht man seit Jahren (genauer seit Jahrzehnten!), den Computer einzusetzen. Manchmal klappt das sogar in allen möglichen Techniken des Alltags. So kompensiert man den Mangel an Fachpersonal z.B. im Verkauf oder moderner in „Sales“ durch einen Roboter oder durch ein sprechendes Hologramm, das beispielsweise eine freundliche Empfangsdame darstellt, also einen Menschen zeigt, den es gar nicht gibt, der aber buchstäblich eine „Lichtgestalt“ ist. „Ich heiße Sie herzlich willkommen“. Herzlich! Herz??? Wo denn?

In Japan hat man das fast zur Perfektion gebracht. Fast! Ob im Hotel oder im Krankenhaus, die hübsche fleißige Bedienung in Form eines Androiden oder einer rollenden Mülltonne wurde abgelehnt. Seitdem bedient dort wieder ein Mensch.

Und wie ist das beim Telefonieren? Nervige Endlosschleifen-Fragen, wenn man eine Auskunft braucht, verringern das Personal, aber auch die Kunden. Gar nicht gut fürs Business.

.

GLOBALISCHI - Weltsprache der Zukunft

Hallo – Hallo – Ist da Jemand?

Ich will keinen Verweis aufs Internet.
Ich will meinen Global Player Partner sprechen,
und zwar sofort! Sonst lernen Sie mich mal
globalisch kennen! ѠⱵѪǯѼ⍰ȺØ¿…

Ein Roboter hat viele Formen, aber als Android (Menschenähnlicher) kann man sich schneller mit ihm anfreunden. In Japan sorgt ein kleiner Roboter – ein ganz „süßer“ natürlich – in Form eines Nesthockers auf dem Beifahrersitz dafür, dass der einsame Reisende sich nicht einsam fühlt oder gar einschläft. In Japan ist so ein süßer kleiner Roboter als Mitreisender heiß begehrt (in Deutschland leider nicht zu haben). Man kann sich sogar mit ihm unterhalten. Für Busfahrer würde der kleine Beifahrer bei uns nicht zugelassen. Lohnt nicht. Der Busfahrer wird ohnehin eines Tages verschwinden, wenn der Pendelbus dem Shuttlebus weicht, welcher dann generell nur noch autonom fährt.

Fehlinterpretation

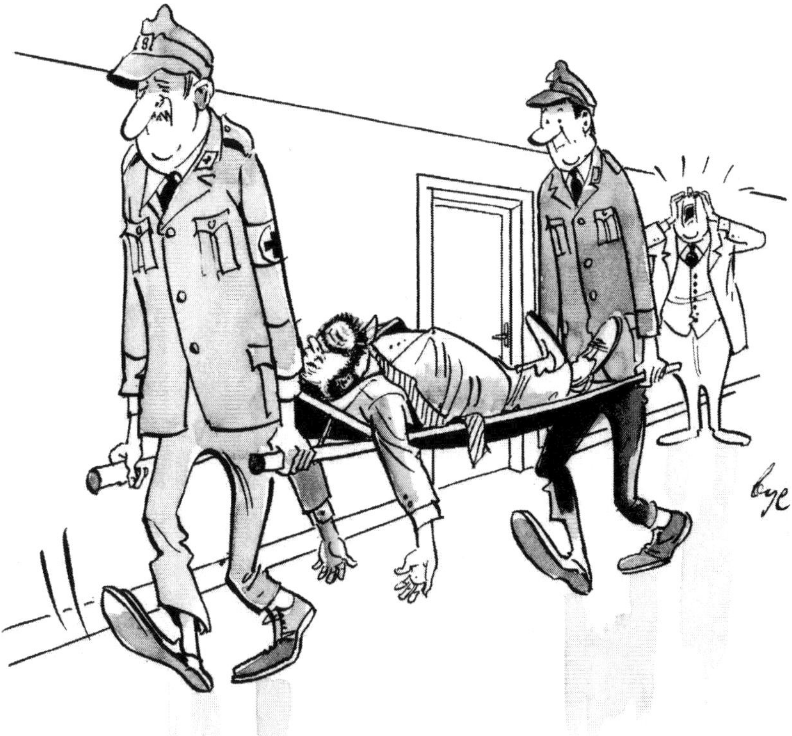

AUS-Stellung

„Mensch Meier! — So habe ich das mit dem Robotereinsatz doch nicht gemeint!"

Die Flut der neuen Dinge, Begriffe und Erkenntnisse wird erhöht durch „Cookies" (das sind keine „Kekse", sondern kleine Späher oder Beobachter), die jeden Aufruf im Internet (Fachausdruck jeden „Click") melden und dann ungeniert überall verteilen, auch dann, wenn sie weder gewünscht noch sinnvoll sind. Sie sollen dem Besuch eine aufgedrängte Website attraktiver machen, auf den Besucher zugeschnitten sozusagen, und ein bestimmtes Verhalten fördern, zum Beispiel zu kaufen.

Cookies sind kleine Textdateien, die auf dem PC des Benutzers abgelegt werden. Einige davon werden am Ende einer Sitzung (vor dem PC, nicht auf dem WC) wieder gelöscht, dann sind das Sitzungs-Cookies. Andere Cookies bleiben immer auf dem PC, das sind dann die Persistenten Cookies – also Permanent-Beobachter oder ständig auf Lauer liegende Mini-Detektive sozusagen.

Der Computer erkennt, wann und wo etwas gesucht oder aufgerufen wurde und blendet das überall ein in der Annahme, dass der Gucker nicht nur die Route sucht, sondern auch die passende Kleidung dazu oder Proviant oder etwas zu lesen – als Erinnerung, dass es auch noch etwas Anderes zu kaufen gibt.

Beispiel: Hat man eine Urlaubsmöglichkeit im Internet gesucht, später ein Ersatzteil für einen Rasenmäher bestellt und dann noch ein leckeres Rezept für eine Geburtstagstorte gefunden, dann sieht man beim Buchen einer Theaterkarte fürs Wochenende nicht nur die Preise für die jeweiligen Ränge des Theaters, sondern gleichzeitig auch noch die Angebote von Reiseveranstaltern, den zuletzt angesehenen Artikel im Baumarkt, die Sonderangebote vom Discounter, Kochbüchern eines Internet Shops usw.

Wenn man Glück hat, findet man in dieser Informationsflut noch das, was man eigentlich gesucht hat, und bekommt tatsächlich die Theaterkarten, und nicht etwa einen Roboter-Rasenmäher oder eine Einladung in ein Wochenend Survival Camp für schlappe 149 Euro mit dem Recht zu Überleben.

Gut, das klingt vielleicht übertrieben, aber nahezu alle Cookies (Späher) sind „Zwangskekse“, die man per Klick bitteschön zu essen hat, wenn man die Informationen haben möchte, nach der man sucht. Sonst bekommt man sie nicht.

Gedämpfte Sinuskurve

Beliebter afrikanischer Chef-Saftbraten

Text Mining
Facebook & Co.

Daisytown ist überall

Wenn jemand „Gold!!!“ schreit, schnappt sich jeder eine Schaufel und rennt los, um seinen Claim abzustecken. Danach schippt und gräbt, siebt und wäscht und pult er nach den Nuggets. Wenn er Glück hat, findet er welche. Dann steckt er sie in die Tasche. Oder in einen Lederbeutel und setzt sich drauf. Und wenn es zu viele Nuggets sind, muss er sie anderswo verstecken. Also vergräbt er sie an einem Ort, an dem sie keiner findet. Er leider auch nicht. Also schnappt er sich sein Werkzeug wieder und gräbt und buddelt solange, bis er seine Goldklümpchen wiederentdeckt hat. Und damit sein nächster Nachbar ja nichts merkt, stapelt er seine Nuggets in einem Kästchen, legt dieses in eine Truhe und schiebt selbige unters Bett. Auf diese Weise kann kein Nugget flüchten und der Digger ruhig schlafen.

Heutige Text Miners arbeiten auch nicht viel anders, höchstens mit anderen Werkzeugen und anderen Begriffen. Die Nuggets von Daisytown gestern sind die Texte von heute. Sie werden nicht mehr für einzelne Digger gehortet, sondern für Alle und Jeden und das weltweit. Wissen zu vervielfältigen und jedermann zugänglich zu machen, ist die einzige Möglichkeit, Zeit zu gewinnen und Geld zu sparen, das man dann für Spezialwerkzeuge (Tools) wieder ausgeben muss, um diese überhaupt nutzen zu können.

Der abgesteckte Claim heute ist das Unternehmen, in dem das Wissen verbuddelt wird – früher in Schubladen, Aktentaschen, oder Tresoren und heute in Computern oder Wolken (Clouds). Wer sucht, der findet. Das ist zwar wahr, ignoriert aber den Faktor

Zeit. Also muss ein Knowledge Manager her, der sich erst selbst einmal einen Überblick über das geordnete Chaos schaffen muss.

Es ist ja nicht so, dass alle, die ihr Wissen irgendwo aufbewahren, „unordentlich“ sind. Sie sind meist sogar „sehr ordentlich“, denn jeder findet sich ja in seinem eigenen Ablagesystem (Private Retrieval System) sehr gut zurecht. Nur zusammen klappt das halt nicht. Also muss man erst einmal alles zusammen suchen (extrahieren), dann in eine brauchbare Form bringen (transformieren) und schließlich den Unwissenden zugänglich machen (laden).

Solche ETL-Werkzeuge (E=Extraktion; T = Transformation, L = Laden) stehen den Wissbegierigen zur Verfügung. Diese bedienen sich dann so, wie sie das auch im Kaufhaus oder im Supermarkt tun oder im Lager suchen würden. Sie gehen also ins Datenlager (Data oder Text Warehouse) und durchsuchen die Regale, bis sie das gefunden haben, was sie brauchen. „Wissensfindung“ (Knowledge Discovery) in Datenbanken nennt man das oder kurz und frech KDD (Keiner darf drängeln), sonst gibt es eine Daten- oder Textkollision. Es kann natürlich sein, dass die Business Intelligence (BI) des Golden Retrievers (Suchhund für Text-Nuggets) der Fülle des abrufbaren Knowhows nicht ganz gewachsen ist. In diesem Falle wird der Wissensdurstige sein Intelligenz-Labsal mit Spickzetteln (Flags oder Hashtags) würzen. Diese hebt er dann dort auf, wo sie ihm am geeignetsten erscheinen: In der Schublade, im Ärmel, An der Pinwand oder in seinem PC. Dort nützen sie „einem“, aber nicht allen. Denn wenn Alois Huber eine abgerufene Information mit „Schmarrn“ bezeichnet, dann hat Ali Öztürk ein Problem.

Heute spricht man nicht mehr miteinander, sondern man „kommuniziert“ – übers Internet oder übers Intranet. Irgendwie und irgendwo ist Big Brother immer dabei. Er zählt und notiert, wer sich wo, warum und wie oft durch welche Informationen geklickt hat (Log-Mining, Usage-Mining nennt man das). Wir bauen gewaltige Gebilde aus Daten, Texten und Informationen, wir schreiben uns die Finger wund mit Fachartikeln, wir bringen Terminologie-Datenbanken zum Bersten und geraten in Panik, wenn wir für alte Erkenntnisse keine neuen Begriffe mehr finden. Früher hieß das „Data Mining“, heute Text Mining.

Datenträger

Dienstmann für Zahlen

SaaS = Schnell auch an Sonntagen.

Und es wird weiter geforscht und entwickelt und geappt, was das Zeug hält.

Experiment, Test und Probe

WOW! Das ist ja wohl mega-scharf! Da wird in den USA ein gigantisches Testbett aufgebaut, wo jeder nach seinem Gusto die Dienstqualität seiner Auserwählten testen kann. Total neu, wenngleich auch leicht irritieren, ist die Testtechnik vBNS, was so viel heißt wie vertikales Bett-Nutzungs-System. Vertikal ist immerhin gewöhnungsbedürftig. Aber vielleicht ist das was für Senkrechtstarter. Jedenfalls fühlt sich eine große Organisation bemüßigt, das Potential dieser Lotterwiese mit wissenschaftlicher Akribie zu erforschen. Sie gaben ihrem Forschungsobjekt auch einen schönen weiblichen Namen: Abilene. Berichten zufolge gingen dieser Abilene schon viele Herumbrowser ins Netz. QoS (Qual of Sex) ist nach einhelliger Meinung aller es-im-Netz-Treibenden höchste Wonne oder Plugin-Horror. Jedenfalls hecheln gleich zwei Testbed-Provider um die Gunst des Dienstgüte-Ordens. Konkurrenz belebt das Geschäft. Logo.

So wurde, wie nicht anders zu erwarten, im Internet das 6Bone Bed (übersetzt: Liebesknochenliege) gegründet, um Zitat: „als Testbed Erfahrungen in einem weltweiten Rahmen zu sammeln". Echt stark!

Was würde wohl mein DAD dazu sagen? Vermutlich würde der ganz cool bleiben, denn zwei Adressen verdoppeln die Verfügbarkeit der Lovers-on-demand, halbiert aber leider nicht die Last der Zahlung, zu Deutsch, der „Payload". Ein praxisgerechtes Verkehrsmanagement mit Überlastkontrolle ist da schon angebracht.

Klasse ist auch die neue Bezeichnung „Nutzlast". Das trifft ja wohl auf viele Beziehungskisten zu. Für eine Weitverkehrsüberwachung wird diese Nutzlast dann in Container (Kisten) verpackt und ohne Lunchpaket mit Gigabit-Geschwindigkeit über die Datenautobahn gejagt. Den Transport einer solchen Liebeslustlast nennt man Bed-to-Bed Übertragung. Diese Methode ist nützlich, wenngleich auch etwas lästig. Da sind die Leute in den Raumschiffen schon weiter – die lassen „beamen“. Der hochpriore Verkehr ist bei denen schon längst kein Thema mehr.

Verlassen wird die virtuelle Realität mit ihren aufregenden Netzen und Nutzen. Wie heißt es doch gleich? „Netze spinnen unsichtbare Fäden zwischen uns“. Wie wahr. Lassen wir uns einwickeln. Es wird uns auch gar nichts anderes übrigbleiben. Aber etwas Handfestes sollte es schon sein.

VOLLTREFFER

Diode-Heptode

Altgriechisches Liebespaar

Künstliche Intelligenz als (Um-)Weltretter

Bilden wir uns bloß nicht ein, wir würden nur als moderne Menschen Neues schaffen. Vieles ist schon dagewesen, so der Versuch, das Verhalten von Lebewesen auf Maschinen zu übertragen – zunächst, um den eigenen Erfindergeist herauszufordern und sein eigenes Genie zu testen, später dann, um Maschinen tun zu lassen, was wir nicht machen wollen oder wegen Gewicht, Umfang oder schierer Masse nicht tun können. Ohne Industrieroboter ist heute keine Produktion mehr möglich. Industrieroboter gibt es schon seit etwa 1970.

Archytas von Tarent (428-350 v.Chr.) war ein griechisches Multifunktionstalent. Er war Philosoph, Mathematiker, Politiker und Feldherr. Er konstruierte eine nach ihm benannte Taube, die er wohl als handliches Kommunikationsmittel für seine Truppen einzusetzen gedachte. Seitdem gilt er als Begründer der Mechanik und die Taube als frühestes Roboterwerk. Dieses fliegende „Handy“ kennen wir heute als Drohnen mit Kameras - weniger Taube, mehr Spinne.

Der französische Ingenieur Jaques de Vaucanson (1709-1782) konstruierte 1738 eine mechanische Ente, die auch aussah wie eine Ente. Sie konnte mit den Flügeln schlagen, trinken, fressen und sogar Nahrung verdauen. Einen Hahn hatte er sich versagt, da er bekanntlich Langschläfer war.

Berühmt wurde der kleine Roboterhund „Aibo“, den Sony 1999 als Spielzeughund entwickelte. Statt der Kinder aber spielten viele Forscher mit ihm und machten mit ihm die ersten Versuche künstlicher Intelligenz. Seine künstliche Intelligenz verselbstständigte sich jedoch, so dass Aibo, als ihm der ganze Rummel einfach zu viel wurde, seinen Erfindern respektlos ans Bein pinkelte. Was lernen wir daraus? Die Taube von Tarent hat seinem Erfinder entweder die Ohren vollgegurrt oder eine falsche Message gebracht, oder sich schlicht verflogen. Die Ente von Jaques de Vaucanson war anspruchsvoll und hat ihrem Schöpfer wegen falscher Nahrung auf seine Konstruktionspläne gekackt.

Aber jetzt hat man ein anderes Tier auf dem Kieker – den Klimakiller „Kuh". Kühe rülpsen und pupsen, stoßen dabei das Treibhausgas Methan aus, das die Erderwärmung beschleunigt. Es gilt also, diesen Schadstoffausstoß zu verhindern, ohne die Milchversorgung zu gefährden.

Die geniale Naturkonstruktion der Kuh soll so bleiben, aber eben ohne Gasausstoß, jedoch mit Milchproduktion. Damit bleibt die mit Sonnenenergie gespeiste Kuh weiterhin ein dekorativer Bestandteil der Landschaft, braucht aber weder Stall noch Futter und läuft im Winter von selbst in die Wartungsstation zurück. Somit wird auch der alljährliche Almabtrieb entbehrlich. Positiver Nebeneffekt: Große Freude bei Touristen, die nicht mehr durch Kuhglocken gestört werden.

Attraktion in einem Technologiepark in Bayern: Kunstkühe auf Kunstrasen per Handy-Fernsteuerung heranholen und die mitgebrachten oder am Automaten gezogenen Trinkwasserflaschen mit köstlicher Milch aus Kunsteutern füllen. Die Konstrukteure haben erstaunlich wenig Zeit für diese geniale gesunde Milchversorgung der Kinder gebraucht. Sie hatten wohl selbst Kinder.

Jedenfalls macht Bayern wieder einmal Furore in Umwelt-Technik und Umwelt-Freundlichkeit. Hier der Bauplan:

Die umweltfreundliche Hybrid-Kuh

B. Braun

Projektname: Rost-Beef
(Zurzeit in der Entwicklung)

Ein Riesenspaß auch für Kinder, die keine Angst mehr zu haben brauchen. Diese Kuh ist groß, aber harmlos. Sie überrennt niemand. Dafür sorgt ein elektronischer Abstandhalter. Sie hält stille, tritt nicht, beißt nicht und pupsen tut sie auch nicht. Vielleicht hier mal ein Vergleich mit Mutter Natur nach einem Besuch der Mama mit ihren Kindern in diesem Technologiepark:

Hybridbar
Die Mutter stillt den kleinen Kalle,
das Schwesterchen sieht hin genau.
„Du, Mama, wenn die Milchbrust alle,
kommt aus der andren dann Kakao?“

(aus dem Gedichtband „Mehr Gedichte“
von Regina Ullrich)

Noch Fragen?
Fragen beantwortet heute der Computer oder ein Roboter. Der hat auf fast alle Fragen (FAQs) eine Antwort. Aber eben nur „fast“.

Der Lehrermangel wird Roboter als Lehrer unvermeidlich machen. Fast alle Schüler stellen die gleichen Fragen, also kann man die Antworten dazu auch vorprogrammieren. Aber eben nur „fast“.

Was ist mit den Hochbegabten? Und was mit den Programmierern? MI (Menschliche Intelligenz) oder KI (Künstliche Intelligenz)?

Welche Sprache sprechen Programmierer? Programmierer sprechen eigentlich gar nicht, sie denken.

Denn erst, wenn sie selbst verstehen, was sie tun sollen und warum, können Sie dem Computer sagen, was er tun soll. Dann befehlen sie dem Rechner, das Ausgedachte solange zu testen, bis kein Fehler (Bug) mehr drin sind (im Programm), also das Debugging (die Fehlerbereinigung) Erfolg gehabt hat.

Dann kommt die Freigabe (Release) und dann – Überraschung!!!!

Programmierer

Wer hier denkt, der schläft ...

Traumjob Programmierer

Programmierer

… der irrt!

Ein paar Stories zum Thema Hilfe durch Technik

Baby Sitting Roboter

Aus den Reklamationsakten der Robot Service AG

Hiermit kündige ich den Vertrag mit Ihrer Abteilung Baby-Sitting mit sofortiger Wirkung. Wenn Ihre Robot-Sekretärinnen vom selben Kaliber sind wie Ihre Baby-Sitter, möchte ich Ihnen meine früheren Beschwerden hiermit in Erinnerung rufen.

Das erste Mal gingen wir zum Essen und anschließend ins Konzert. Sie sandten uns Ihr Modell X-19 sub B. Das war wirklich „sub", nämlich unter aller Kritik. Als wir zurückkamen, schaukelte der Robot unseren Dackel, während unser Kind im Hundekörbchen lag. Sie erklärten uns, dass sich ein Schaltkreis überschnitten hätte, der wohl zu dieser Verwechslung geführt hat, und dass wir sofort kostenlos ein besseres Modell bekommen würden.

Dass der zweite Robot-Sitter mehr Chrom hatte und zusätzlich dazu eine Reihe von farbigen Lämpchen, die im Rhythmus von „Schlaf Kindchen schlaf" blinkten, war für uns beruhigend. Unser Kind liebte den Roboter schon, bevor wir weggingen. Sie hatten uns versichert, dass H-113 einen fest eingebauten Dienstschaltkreis hätte. Aber statt unser Baby zu sitten, hat Ihr Roboter den Wäschedienst übernommen, d.h. er hat alles gewaschen, was er finden konnte: Vorhänge, Sitzkissen, Windeln, selbst die Papierhandtücher und die Kunstdrucke aus Japanpapier. Alles verschwand in der Waschmaschine und ist jetzt nur noch Pappmaché.

Nur weil Sie für alle Kosten aufkommen wollten, zog ich die beabsichtigte Kündigung zurück. Der 3. Roboter wurde gebraucht, weil meine Frau an einem Vortrag über „Die Rolle der Mutter im Roboterzeitalter" teilnehmen und nicht gestört werden wollte. Deshalb befahl sie dem Roboter, nicht sie, sondern mein Büro anzurufen, falls irgendetwas sein sollte. Ihr Roboter aber hatte einen Wackelkontakt, wie sich später herausstellte, so dass er mich ständig nach Hause rief, wodurch ich wichtige Sitzungen verpasste und meinen Chef zur Weißglut trieb.

Wider besseren Wissens rief meine Frau Sie später nochmals an, um unser Kind betreuen zu lassen. Diesmal versprachen sie, ein Plus-Plus-Robot Modell zu schicken. Bevor wir weggingen, befahl meine Frau dem Roboter: „Öffne niemandem die Tür! Niemandem, hörst Du?". Der Roboter bestätigte den Befehlsempfang durch Blinken. Also verließen wir das Haus, da wir wussten, dass unser Kind sicher war. Als wir heimkamen, konnten wir die Tür nicht öffnen. Der Roboter hatte alle Schlösser gesperrt, alle Fenster vergittert und hielt Wache mit einem Laserschwert.

Wir mussten also ein Feuer entfachen und laut schreien: „Rettet das Kind!" Zum Glück reagierte der Roboter sofort. Wir schlossen unser Kind in die Arme und schickten Ihnen den Plus-Plus Roboter zurück. Auf diesen Riesenärger versprachen sie uns, dass wir in Zukunft nur noch Delux-Service erhalten würden. Und ich Narr habe ihnen geglaubt. Wir schärften dem Delux-Roboter ein, dass er dem Kind die Windeln wechseln muss. Um ganz sicher zu gehen, erinnerte meine Frau den Roboter nochmal: „Vergiss nicht, das Kind zu wechseln!" Wir kündigen hiermit unwiderruflich. Ihr Delux-Modell sollte nicht das Kind wechseln, sondern die Windeln. Geben sie uns sofort unser Kind zurück!

Shawn Deaux

Shawn Deaux hat es offensichtlich versäumt, ein Vergleichsportal aufzurufen. Hier erfährt man dann zwar mehr, aber entscheiden muss man leider (oder Gott sei Dank) noch selbst.

Vergleichsportal

-kby-

Vergleichertechnik

„Zeig-mal-Methode“

Nur gucken, nicht anfassen!

Um den Wert der Sprache und die Vorzüge des Englischen

Zum zigsten Male wiederholt sich die Diskussion über den Wert von Sprache. Die Einen halten die deutsche Sprache für die genaueste der Welt mit dem Argument, dass philosophische Texte noch heute mit deutschen Fach-Ausdrücken versehen werden und zwar dort, wo es in anderen Sprachen an einer exakten Begrifflichkeit hapert.

Dem steht die unversöhnliche Auffassung gegenüber, dass jeder Satz so interpretiert werden könne, dass verschiedene Sichtweisen und Sinndeutungen möglich sind. Ein Sprachwissenschaftler führte als Beispiel einen Satz an, der je nach Betonung sieben unterschiedliche Inhalte hatte. Anhand eines solchen „Sprachkunstwerks" will man beweisen, dass sich Sprache nur dann als Kommunikationsmittel zwischen zwei Menschen eignet, die sich in die Augen blicken, also sich sehen. Aber auch das schließt Missverständnisse nicht aus.

Die Diskussion gipfelte in der Aussage, dass die deutsche Sprache mittlerweile untauglich geworden ist, alle bekannten Sachverhalte des Lebens aufzuzeigen. Ganz anders dagegen die englische Sprache, die eine um 500% größere Vielfalt an Begriffen kennen soll. Nehmen wir mal den Satz „Prinzessin High rettet die Welt mit Blow-Jobs".

Das ist zugegebenermaßen ein denglischer Satz, wobei der noch recht neue Begriff des Blow-Jobs einfach übernommen wurde. Das macht sogar Sinn, denn würde man statt des Englischen „Blow-Job" das deutsche Wort „blasen" verwenden, würde die Mehrdeutigkeit des Begriffs „blasen" offenbar. (Lassen wir das

Verb „blasen“ oder das Substantiv „Blasen“ mal dahingestellt). Hätte man formuliert: „Prinzessin High rettet die Welt mit Blasen“, wüsste jeder Bescheid. Nicht zu verschweigen ist der Nutzen einer solchen Mehrdeutigkeit, wenn man nämlich im Falle eines Falles die Neugierde eines zufällig lauschenden Kindes mit Seifenblasen oder kochend heißen Erbsen befriedigen kann.

Unsinn aber ist, wegen möglicher Mehrdeutigkeiten ganz auf Sprache zu verzichten. Es bleibt die Einsicht, dass die deutsche Sprache als Wissenschafts-sprache seit dem Zweiten Weltkrieg gegenüber dem Englischen an Wert eingebüßt hat. Viele neue wissenschaftlichen Werke werden heute in englischer Sprache abgefasst, nicht in deutscher, wie bisher. Viele neuen Sachverhalte müssen im Englischen umgeschrieben werden, Begriffe neu geschaffen bzw. neu erfunden werden, die inzwischen durch Wissenschaft, Werbung, und Computer die Alltagssprache bereichern. Die deutsche Sprache zwingt zur Perfektion. Für Autoren und Filmemacher bedeutet das eine empfindliche Einschnürung, d.h. eine Zwangsjacke. Im englischen Sprachraum werden sie lange nicht so eingeschnürt, wie im deutschen. An der Fortentwicklung der Sprache wird permanent gearbeitet.

Einen breiten Raum nehmen hier die Rechtschreibung und natürlich die Grammatik ein. Dennoch sieht man mehr Vorteile für das Deutsche, denn in einer sich rasch aufblähenden Sprache wie dem Englischen wird es schwierig, den Überblick zu behalten. Selbst die findigsten Köpfe werden bald an die Grenzen ihrer endlichen Möglichkeiten der Sprachschöpfung stoßen und nur noch Begriffe kreieren, die in mehreren Disziplinen und dort jeweils anders verstanden oder verwendet werden (und damit neue Mehrdeutigkeiten auslösen). Für Viele macht es wegen des mittlerweile gewaltigen Wissens der Menschheit ohnehin keinen

Sinn mehr, nur eine Sprache für alles zu verwenden und zu diesem Zweck das eigene Medium der Kommunikation für viele neue Felder zur Verfügung zu stellen (und damit zu verhunzen). Werfen wir noch einmal einen Blick auf das Deutsche. Uns genügt die Beschränkung auf die „Nischen", also Philosophie und Mystik. Die behutsame Bereicherung der deutschen Sprache ist also nötig. Ein gutes Beispiel ist der Satz „Prinzessin High rettet die Welt mit „Blow-Jobs". Natürlich müssen wir uns wegen der Wahrheit dieses Spruchs nicht streiten. Prinzessin High ist bekanntermaßen tot und mit Blow-Jobs rettet allenfalls noch eine schaurig-schöne Pulp-Fiction Heldin unser Universum.

Claus-Peter Peters

Gedächtnislücke

Flüchtiger Speicher
Volatile Memory
Kurzzeitgedächtnis

Nachfolgend noch ein paar Beiträge von Kollegen und Freunden, die ihren Spaß an der Idee zu diesem Buch hatten und „dabei" sein wollten.

Natürlich haben alle der Veröffentlichung zugestimmt.

Vielleicht haben Sie als geneigter Leser ja auch Ihre eigenen Erfahrungen gemacht. Nur zu. Man kann gar nicht genug tun, um das Bewusstsein für die Sprache und ihre vielseitige Ausdrucksform sowie die Macht der Sprache wieder zu wecken und damit auch kreativ zu bleiben, nicht nur abzurufen, was Andere gedacht und vorgegeben haben. Selbstdenken führt zu klugem Handeln.

Verständliche Sprache
ist Balsam fürs Business

Sprachpralinen

Bevor es weitergeht, eine kleine Pause mit einigen köstlichen Sprachpralinen als Pausen-Snack:

Wenn Fliegen fliegen, fliegen Fliegen Fliegen nach.
Essig ess ich nicht, ess ich Essig, ess ich Essig im Salat.
So geht es Dänen und denen, denen Dänen nahestehen.
Mariechen, lass mich ma riechen. Da ließ Mariechen Mariechen ma riechen.

Kennen Sie auch solche Sätze?
Manche Sätze versteht man erst, wenn man sie liest.

BUSINESS-SPRACHE

Report:
Am 29.07. hatten diverse People beiderlei Sex ein Meeting. Sie fundierten eine Workgroup und hielten alsbald eine dringend erforderliche Session ab. Diese avantgardistischen People prädominierend juvenilen Alters deklarierten sich als echt frustriert. Trotz viel Effort sei die deutsche Sprache in ihrer Ausdrucksarmut auch zu arm an bereichernden Auslandswörtern.

Als Chief-Target postulierten diese Young-People die Motivation der Öffentlichkeit für einen eskalierender Mix aus einem deutsch – englisch – amerikanisch - französischen Sprachbewusst-sein. Man formte eine Section, deren Task die Eruierung war, wie noch mehr original-germanische Vokabeln durch aktuelle Termini surrogiert werden könnten. Dabei sollten altgermanische Expressionen wie „Faktum“ durch das modernere Wort „Fact“ ersetzt werden, was inzwischen schon Fakt ist. Eine solche Brevity sei jedoch nicht immer en vogue. Par example sei nicht plausibel, dass es bei uns immer noch Freibäder gebe, da doch „Open-Air-Swimming-Pool“ mindestens ebenso transparent wäre.

Auch wurde eine Konfektionsfirma getadelt, weil ihre Inserate in deutschen Zeitungen bei 51 Wörtern Text nur 25 aktuelle Wörter enthielten. So sei die Moderne nicht einmal durch einfache Majorität repräsentiert. Zudem sei das Verkaufspersonal zu linguistischer Konsequenz zu reduzieren. Es käme vor, dass drinnen im Laden von einer „Boutique“ gesprochen wird, an der Außenfront aber von einem „Shop“.

Auch gäbe es zwar Garten-, Jeans- und Senioren-Center, aber noch keine Fleisch-, Brot- und Milch-Center. Outlet Center für den Einzelhandel gibt es bereits und die Bezeichnung Store für Märkte wird dem globalen Anspruch auch viel gerechter.

Last not least sollte die Muttersprache, sofern diese nicht Englisch ist, als nicht mehr up to date eliminiert werden. Die (allerdings nur noch zum Teil) von der Mutter praktizierte Sprache alteriere ja doch, sobald die Kids in die reale Vita einsteigen.

Ehrfried Siewers

Alternative Begriffe für

OUTLET CENTER:

FOC – Factory Outlet Center
DOC – Designer Outlet Center
FVZ – Fabrikverkaufszentrum
HDVZ - Herstellerdirektverkaufszentrum

FÜHRUNGSSTILE

Über Führungstechniken wurde und wird viel geredet und geschrieben, sogar hin und wieder gelehrt (und gelacht). Die verbreitetsten Führungstechniken sind:

Nachfolgeregelung

-kby-

Management Trainee

Erstmal das Outfit beschaffen,
dann den Auftritt üben

Management by ...
Delegation, by Exception, by Control, by Motivation ....

Wenn die Geführten aber den Führungsstil ihrer Vorgesetzten kommentieren müssten, käme vielleicht Folgendes dabei heraus:

Management by Champignons (nicht Champion!)
Mitarbeiter im Halbdunklen lassen, ab und zu etwas Mist darüber streuen. Und wenn jemand den Kopf raussteckt, sofort abschneiden!

Management by Bluejeans
an allen wichtigen Stellen sitzen Nieten.

Management by Chromosoms
Allein durch Geburt und Geblüt erlangte Führungsqualifikation.

Management by Chain (Kette)
Loch an Loch – und hält doch!

Management by Daisy (Gänseblümchen)
Entscheidungsfindung nach dem System
„Soll ich? Soll ich nicht? ...“

Management by Gear-Wheels (Zahnräder)
Wenn “der Oberste” nur eine Vierteldrehung macht, kommen die Untersten ins Rotieren!

Management by Astrology
Genaue Beobachtung der Planetenkonstellation und des Biorhythmus als Grundlage wichtiger Entscheidungen.

Management by Hippo (Nilpferd)
Erst Maul aufreißen und dann untertauchen.

Management by Human Relations
Im Mittelpunkt steht der Mensch – und damit allen im Wege.

Nachfolgend einige Beispiele aus (meiner) Praxis:

MANAGEMENT BY DELEGATION

Delegation muss man lernen

„Meine Arbeit ist so geheim! Ich weiß selbst nicht, was ich mache!“ Einer der größten Fehler, die ein Unternehmen oder besser dessen Management machen kann, ist, den Mitarbeiter im Arbeitsablauf auf eine einsame Arbeitsinsel zu verbannen und ihn im Unklaren darüber zu lassen, was vor oder nach ihm geschieht. Damit nimmt man ihm die Möglichkeit, seine Position in der Arbeitskette zu erkennen und zu wissen, was von wem kommt und wohin sein Arbeitsergebnis geht und zu welchem Zweck.

Da bei solchen Scheuklappenarbeiten jegliche Orientierung über den Wert der eigenen Arbeit in der Arbeitskette unmöglich ist, sind Arbeitsfehler, Informationslücken und unerwartete Ergebnisse quasi vorprogrammiert. Diesen Fehler will man heute nicht mehr machen.

Viele Lehrgänge und Bücher befassen sich mit Workflow Management und Prozess Management, mit Organigrammen und Flowcharts, um die Position des Einzelnen und seine Aufgaben im Gesamtablauf transparent zu machen. Gut so, für Großunternehmen. Und wie ist das bei den KMU's (Klein- und mittleren Unternehmen? Da sagt der Chef zum Beispiel:

„Pass ma auf, Jung, dat machse so und so. Der Jupp, der zeicht Dich dat und von dem krisse den Bauplan. Dann bause dat Teil so, wie dat da draufsteht. Wennze fertig bis, bringse dat dem Kallemann. Der verpackt dat dann und schickt dat weg." Naja oder so ähnlich. Wenn der „Jung" dann weiß, von wem er was bekommt, was er damit tun soll und warum, und was der Nächste dann damit macht, dann arbeitet er ganz anders, als wenn er bloß gesagt bekommen hätte: *„Mach dat ma!"*

Vorrangstellung

-kby -

Prioritäten setzen

(Prioritizing)

Lebensnotwendige Dringlichkeitsreihenfolge

MANAGEMENT BY EXPERIENCE

Eine wahre Geschichte: Mein damaliger Chef – ein Mannsbild zwischen 50 und 60, kräftig wie ein Stief, stark wie ein Bär und feinfühlig wie ein Mikrosensor, führte zusammen mit seiner Frau und seinen Kindern ein mittelständiges Unternehmen für Kanalreinigung. Seine Büros waren eine abenteuerliche Konstruktion aus flachen, aneinander gereihten Hütten, aus Steinmauern, betonierten Gängen und einfachen Holzwänden. Alles war eng, zweckmäßig, angepasst: Kein Luxus. Luxus braucht man nicht, schon gar nicht im Büro. Dann schon eher auf dem Hof.

Auf dem Hof standen riesige Tanklastzüge. Sie führen hinaus, wenn Kanäle nach Unwettern überquollen oder Sickergruben oder Keller abgepumpt werden mussten. Die Geschäfte liefen gut. Mein Chef war er ungeheuer stolz auf seine Fahrzeugkolonne und seine Arbeiter. Er verlangte von seinen Fahrern, dass diese ihre Fahrzeuge immer picobello geputzt auf dem Hof abstellten und kontrollierte das auch.

„Ich habe es nicht leicht, Fahrer zu bekommen," erklärte er. „Das Problem sind nicht die Fahrer, sondern deren Frauen. Die wollen nicht, dass sie auf die Frage nach dem Beruf ihre Männer sagen müssen, dass sie „Scheiße" fahren. Damit kann man keinen Staat machen. Aber es muss halt sein. Ich behandle sie gut und bezahle sie anständig." Das stimmte. Alles.

Eines Tages begann es zu regnen. Bald regnete es so heftig, dass sich alle unter das nächste Dach flüchteten. Nicht so mein Chef. Der blieb draußen. Die schweren Regentropfen eilten durch die Furchen seines Gesichts, spielten kurz mit den Bartstoppeln und ließen sich dann geräuschvoll auf seine Lederjacke fallen, um sich danach in einer Pfütze unter seinen Stiefeln zu sammeln.

„Kommen Sie lieber rein, Chef! Bei dem Sauwetter erkälten Sie sich noch!“ Der aber rührte sich nicht, lächelte nur kurz zu uns herüber und, sein Gesicht weiterhin in die Himmelsfluhte und lächelte:

„Sauwetter ist schön. Es regnet mir direkt ins Portemonnaie!“

MANAGEMENT BY MEMORY

Der gleiche Chef, nämlich der des Fäkalienunternehmens, war schwer in Ordnung. Er überließ allen Schreibkram mir. Das Büro meines Chefs – sofern man das als solches bezeichnen konnte – war spartanisch eingerichtet und hätte ebenso gut auch eine Abstellkammer sein können. Was mich etwas nervte, war die Tatsache, dass er alles Mögliche und Unmögliche aufhob, wozu er natürlich Platz brauchte, den es nicht gab. Auf seinem Asbach-Uralt-Schrank hätten gut und gerne noch 20 Ordner Platz gehabt. Aber auf diesem Schrank lag ein völlig verrostetes, großes langes Eisenstück. Viel zu rostig, um es zu putzen, viel zu schwer, um es zu entfernen. Jedes Mal wurde mein Blick intensiver und mein Stirnrunzeln tiefer, wenn ich zu diesem Rosthaufen aufblickte. Eines Tages hielt es mich nicht mehr.

“Chef! Sie bräuchten wirklich mal ein anständiges Büro – ich meine eins, dass Ihrer würdig ist. Sie sind doch immerhin Chef. Was denken denn wohl Ihre Geschäftsfreunde, wenn die mal zu Besuch kommen?!“

„Och, nix,“ entgegnete er ungerührt. „Die kennen das nicht anders.“ – „Ja schon“, blieb ich hartnäckig. „Aber zumindest dieses Roststück da auf dem Schrank, das könnten Sie doch mal endlich entsorgen.“

Die Miene meines Chefs ändert sich auf erschreckende Weise. Eben noch der lächelnde Erfolgsmann – jetzt ein geradezu aggressiv blickender Fremde. So kannte ich ihn nicht. Kannte ich ihn überhaupt?

„Mädchen!" sagte er schneidend streng, fast abweisend. „Das Ding bleibt, wo es ist! Und das bleibt auch da, so lange ich lebe! Verstanden?"

Ja. Nein. Die Worte hörte ich wohl, allein mir fehlte das Verständnis. Was hatte es mit diesem Ding auf sich?

Mein Chef erkannte, dass eine Klärung dieses Geheimnisses wohl nötig war. Seine harsche Reaktion konnte ich gar nicht verstehen. Ich war ja erst ein paar Wochen da. Er kam auf mich zu, zog sich einen alten Sessel heran und plumpste hinein. Offenbar hatte er eine längere Erklärung vor. Erwartungsvoll sah ich ihn an. Und er erzählte:

„Als es nach dem Krieg nichts mehr gab, als alles in Trümmern lag, als jeder um sein tägliches Brot kämpfen musste, als keiner mehr etwas hatte, aber jeder irgendwie wieder anfangen musste, da habe ich mit meiner Frau zusammen alles Auffindbare und irgendwie Verwertbare in Tüten und Netzen gesammelt und bin mit meiner Frau dann Tag und Nacht von Haustür zu Haustür getippelt.

Das ging viele Woche so, bis wir uns von dem Erlös eine kleine Handkarre zusammenbasteln könnten. Da wurde es etwas leichter. Damit brauchten wir nicht mehr so viel zu schleppen, konnten mehr transportieren und damit auch mehr verkaufen. So haben wir auch unsere vier Kinder über Wasser gehalten.

Schließlich hatten wir so viel Geld zusammen, dass wir einen uralten Lkw erstehen konnten. Der hat dann gerade noch solange gehalten, bis wir den ersten Großauftrag in der Tasche hatten. Den hat der alte Lkw gerade noch ausgeführt. Danach ist er zusammengebrochen. Aber damit hat er den Grundstein gelegt für unsere jetzige Existenz.

Und sehen Sie, dieses Roststück da oben auf dem Schrank, das ist die Achse dieses Lasters! Und die bleibt dort für immer und ewig als ein Stück unserer Familien- und Firmengeschichte."

Ich lernte, Unverständliches zu verstehen und der Logik nicht mehr unbegrenzte Gültigkeit einzuräumen. Logisch war, Nutzloses zu entfernen, um Platz für Nützliches zu schaffen.

Aber es gibt eine Logik außerhalb der Logik.

Man bewahrt das Alte und Nutzlosgewordene, wirft es nicht weg, weil man damit Dankbarkeit und Gefühl empfindet und vielleicht insgeheim hofft, in Erinnerung zu bleiben, wenn man dereinst selbst einmal alt und nutzlos geworden ist. Auch das ist Logik – Logik mit Herz sozusagen.

Ich erinnere mich an einen Spruch, den ich bis zu diesem Zeitpunkt nie verstanden hatte:

Ehret die Alten, denn sie waren wie Ihr seid und Ihr werdet sein, wie sie waren.

Diese Mahnung bezieht sich auf Menschen, hier aber auf Sachen, die den Menschen zu dem gemacht haben, was er ist.

MANAGEMENT BY APPOINTMENT

AUSFALLZEIT

-kby-

Problemlösung

*„War der nicht gerade dabei,
die Stellvertretervereinbarung auszuarbeiten?“*

Hektische Suche nach dem, der’s machen soll, wenn mal Jemand ausfällt, der’s bisher gemacht hat.

(Gilt auch für Fach-Übersetzer)

MANAGEMENT BY UNLOGIK

Unsere EDV-Abteilung hatte wieder einmal mit routinemäßiger Bravour eine knifflige Aufgabe gemeistert, als eine neue Herausforderung unsere Top-Leute nach Hamburg beorderte. Kein Problem. Ich bestellte die Flugtickets. „Alles okay, Leute, Ihr könnt abdüsen!“ - Denkste.

Die Flugtickets wurden von der Abteilung Finanz & Rechnungswesen abgelehnt. Begründung: Die Flugverbindung ist zwar die schnellste Verbindung, aber erstens zu teuer und zweitens nicht angemessen. Nicht angemessen???

Angemessen war das Reisen mit dem Flugzeug nur für Manager. Programmierer sind keine Manager. Unser Chef-Programmierer, ein blondes Superhirn legte seine Denkerstirn in zwei senkrecht Falten und entschied nach knapp einer Sekunde: „Ich brauche 2 Stunden mit dem Flieger und 7 Stunden mit dem Zug. Fehlen mir 5 Stunden zum Arbeiten. Ich zahle die Differenz selbst! Ich fliege!“
Er flog nicht.

Schon allein das Ansinnen, eine Vorschrift mit Logik außer Kraft setzen zu wollen, war ein Frevel. Und dass er auch noch eine Position einnehmen wollte, die ihm eindeutig nicht zustand, obwohl das der Sache dienlich gewesen wäre, widersprach der hierarchischen Ordnung des Unternehmens und wurde somit als Vorbote von Willkür und Chaos gedeutet. Und als der arme Kerl dann nach seiner Arbeit nach vielen Stunden auf der Autobahn nachts heimkam (er hatte weder den Flieger genommen noch den Zug, sondern seinen Porsche!). Dass er nicht gleich nach Hause fuhr, sondern erst noch in sein Rechenzentrum wollte und sein Auto dann auch noch in nachvollziehbarer Weise auf den leeren Parkplatz stellte, der dem Eingang am nächsten lag, kam das einer

Majestätsbeleidung gleich, denn dieser Platz gehörte dem General-direktor. Pech, dass ihn jemand gesehen hatte, vermutlich einer, der zu dieser Zeit seinen Pluto nochmal Gassi führte. Der hat ihn verpfiffen. Oder es war vielleicht einer von den unbekannten Vorschriften-Oberaufsehern, die auch später noch die Sandstreuer ins Getriebe waren. Wir haben nie rausgekriegt, wer es war. Aber wir waren irritiert. Alle. Unser Chef-Programmierer hatte niemandem geschadet. Er hatte einen guten Job gemacht. Auf seine Art. Wie immer. „Aber er hätte den Job auch gut machen können, wenn er mit der Bahn gefahren wäre und sich nicht auf den falschen Parkplatz gestellt hätte.“ So das Gegenargument. Frustriert, in seinem Stolz verletzt, in seiner Zielorientierung verkannt, in seinem logischen Denken bevormundet und damit völlig demotiviert, tat er das, was er für logisch hielt…

Die innere und äußere Kündigung

-kby-

„Ich bin dann mal weg.“

Der Ausfall dieses wertvollen Mitarbeiters kostete die Firma Unsummen an Geld und Nerven. Seitdem war „Ausfallzeit“ das Schreckgespenst des Unternehmens. Ist es das heute auch oder immer noch so? Hat sich etwas geändert?

Dazu ein gekürzter Auszug aus einem Management-Magazin (Nov. 2018) zum Thema Führungsstil:

Hochqualifizierte Mitarbeiter mit großem Können und hoher Eigenmotivation sind selbstbewusst. Sie wollen sich in ihrer Arbeit selbstverwirklichen und als Individuum wahrgenommen und wertgeschätzt werden. Ist dies nicht der Fall, wechseln sie den Arbeitsgeber.

Der neue Führungsstil muss also ein Arbeitsumfeld bieten, das dem Motivprofil dieser Fachleute entspricht. Nur so kann man Topleistungen bewahren und wertvolle Mitarbeiter dauerhaft an das Unternehmen zu binden.

Das heißt, man kann nicht jeden nehmen.

Vielleicht versucht man es in so einer Situation mal mit einem Auszählreim: Eene – meene – muh, nur leider passt der Rest nicht,: denn raus – bist – Du, geht nicht. Man kann nun mal eine Leerstelle nicht mit einem Leerling besetzen. Loch ist Loch und weg ist weg.

Empfehlung: D.M.I.M.
(Der Mensch im Mittelpunkt)

Bedeutet:
First think, then act, and finally feel responsible.
(Erst denken, dann handeln und sich verantwortlich fühlen)

MANAGEMENT BY INTUITION

Funktioniert aber nicht immer.

Mann mit Volksnähe gesucht.
(Man kann nicht jeden nehmen)

MANAGEMENT BY OVERFLOW

Es war einmal ein Mann, der liebte das Leben, die Menschen und seinen Job. Er war ein kluger Mann, ein aufmerksamer Zuhörer, ein unermüdlicher Lerner und ein Mensch, der sich in der Welt zu Hause fühlte. Er vereinte die Grenzenlosigkeit eines Amerikaners durch Geburt mit der feinen Lebensart der Franzosen durch Heirat und der Präzision und Ordnungsliebe der Deutschen durch seine Arbeit als Generaldirektor eines amerikanischen Konzerns in Deutschland.

Er war mit Leib und Seele Weltbürger, aber er fühlte sich sich in Deutschland zu Hause, vor allem in Bayern. Am liebsten trug er Loden (keine Krachledernen!). Als Generaldirektor wurde er nicht nur respektiert, sondern fast geliebt. Jeder kannte ihn, alle achteten ihn, alle akzeptierten ihn als einer von ihnen.

Aber dann kam die Stunde der Beförderung und damit des Abschieds. Da er in Deutschland nicht mehr befördert werden konnte (er war ja schon ganz oben), rief man ihn in die Zentrale nach New York, den New York liegt in Amerika und Amerika hierarchisch über Europa. Also war USA ein Aufstieg.

Bevor er ging, verabschiedete er sich von allen und alle hatten das Gefühl, einen Freund zu verlieren.

Mr. Miller (Name geändert) ging also nach New York, ließ sich durch die Glasdrehtür in das Zentrum der Macht schleusen und ging auf die chromblitzende Empfangstheke zu.

Dahinter hockte eine bunte, weibliche Gestalt und hantierte mit allerlei Gerät. Sie nahm zunächst keine große Notiz von ihm, dann sah sie ihn mit ihren grün-gelb-orange umrandeten Kunstwimpern-Augen kurz an. „Wie ist Ihr Name?“ – „Miller“ – „Wie bitte?“ – „Miller! W.E. Miller, Junior, aus Europa! Sie müssten mich eigentlich kennen!“

Ungerührte Antwort:
“Och, wissen Sie, Mister, es gibt ‘ne Menge Millers hier.“

Karriere-Rennstrecke

-kby-

Parallellauf
Bis Endlauf

The faster the better – what does it matter?

DATENSCHUTZ

Datenschutz ist wichtig, aber, wie sagt man im Rheinland so schön: Man kann auch alles übertreiben.

Tatsache ist, dass das Datenschutzgesetz in erster Linie die Daten schützt und dann erst den Dateninhaber. Wer den sucht, der findet ihn, oder auch nicht. Seine Existenz muss man immer erst beweisen oder nachweisen. Hier als Beispiel die Suche nach:

<u>Klammeraffe:</u>
Klammeraffe hat gegenüber anderen Bürgern den großen Vorteil, dass er dem Bundes-Datenschutz-Gesetz nicht unterworfen ist. Alle Institutionen, die er um Auskunft heischend befragte, antworteten übereinstimmend, dass datenmäßig nichts gegen ihn vorliege. Beim Verein Kredit-Enorm ist zwar ein Klammeraffe gespeichert, da dessen Vorname jedoch Eugen lautet und lediglich zwei Zahlungsbefehle aus dem Jahre 1924 registriert sind, war keine Übereinstimmung festzustellen. Bei der Schuh-Fa (Kreditschutzorganisation des deutschen Schusterhandwerks) ist die Schuhgröße von Klammeraffe bekannt, allerdings falsch (43 statt 42). Auf Rückfrage wurde bestätigt, dass es sich durchaus um eine Verwechselung mit der Kragenweite handeln könne. Auch bei anderen Auskunfteien liegt nichts gegen Klammeraffe vor. Es muss deshalb angenommen werden, dass Firmen, die sich mit dem Sammeln und Verkaufen von Un-Daten beschäftigen, Künstler wegen fehlender Speicherkapazität nicht erfassen. Natürlich ist es möglich, dass die entsprechenden Daten unter dem bürgerlichen Namen Klammeraffe gesammelt sind. Da dieser Name aber nur wenigen Eingeweihten bekannt ist, sind weitere Rückfragen zwecklos.

DATENSAMMELWUT

Sinus- und Kosinussatz

Freudensprung: Der Umsatz stimmt!
„Hurra, 100% Matches!“

Handel im Wandel

Da Kaufen und Verkaufen – schlicht der „Handel“ - heute nicht nur mit großen Warenbewegungen verbunden ist, z.B. auf Container-Schiffen, für die extra Häfen vorhanden sein oder gebaut werden müssen, gibt es natürlich auch für die entsprechend großen Informations- und Datenmengen „Autobahnen“ und „Kanäle“, die multilinguale Begriffe bedingen.

Heute passiert meist alles ohne direkten persönlichen Kontakt – bestenfalls noch über Konferenzschaltungen – denn wozu hat man das Internet, ein Informationsverbreitungsgigant, bei dem nahezu alles automatisiert werden kann, was sich mehr als zweimal wiederholt.

Was man Jahrzehnte lang als die einzig wahre Triebkraft des Erfolgs angesehen hat, das war der Mensch. Der stand bisher (wie alle beteuerten) im Mittelpunkt. Jetzt vertraut man mehr und mehr der Technik, die in der Tat vieles möglich macht, beispielsweise eine schnelle und wirtschaftlichere Produktion.

Um aber produzieren zu können, braucht man Aufträge. Aufträge bekommt man durch Werbung, Public Relation, Marketing, Verkaufsförderung, Multi-Media und Multi-Channeling und – oh Wunder auch durch menschliche Verkäufer, die man durch die Bezeichnung „Vertriebsbeauftragter“ (VB), „Berater“, „Repräsentant“ oder „Spezialist für XYZ“ aufwertet.

Natürlich läuft immer mehr, um nicht zu sagen “fast alles“ über den PC und das Internet, oder über das Smartphone ab, jedenfalls digital.

Ein Manager ohne Handy ist global gesehen stumm geschaltet. Ein verkaufsorientiertes Unternehmen ohne kilometerlange Website ist praktisch nicht wirklich existent – es sei denn, es gibt irgendwo ein menschliches Wesen, das noch einen Rest von Wirklichkeit vermittelt ausstrahlte.

Aber statt eine kundenorientierte, also verständliche Sprache zu wählen, ergeht man sich in Fachbegriffen und wundert sich, dass der begehrte Käufer nicht aus Ehrfurcht vor so viel Globalismus in die Knie geht, sondern die fremdwortreich beschriebenen Produkte oder Dienstleistungen schlicht als „Böhmische Dörfer“ bezeichnet („Verstehe ich nicht.“) und zurückschreckt oder schlicht „abschaltet“.

Deshalb ist es Zeit, dem begehrten Käufer eine Chance zu geben zu begreifen, was er kaufen soll und warum, und dass die Gewinnoptimierung auch für ihn gilt, und nicht nur für den Verkäufer. Generell, aber insbesondere für alles, was neu ist, gilt:

Verständliche Sprache ist Balsam fürs Business.

An den SHOP hat man sich mittlerweile gewöhnt, beim MLM-Prinzip (Multi-Level-Marketing = Schneeballprinzip) besteht noch Nachholbedarf, zumal die Erklärungen dazu geradezu abenteuerlich sind – eine wahre Herausforderung an den IQ des interessierten Lesers.

Nachfolgend ein paar Beispiele, die erkennbar machen, was mit „verständliche Sprache“ gemeint ist. Jeder Bereich hat seine eigenen Begriffe. Der gleiche Begriff in einem Bereich kann in einem anderen Bereich eine ganz andere Bedeutung haben. Die Schwierigkeit des Übersetzers in diesem Fall ist, die Zugehörigkeit zu bestimmen.

Merchandising-Alphabet

Im Merchandising, im Verkaufen, in der Warenwirtschaft, in der Absatzstrategie, findet man u. a. folgende Begriffe (auf 3 Zeilen begrenzt, sonst zu umfangreich):

A	Abschluss, Anzeigenwerbung, Alles-aus-einer-Hand, After-Sales Service, alltagstauglich, Absatz, Abrechnung,
B	Bestellung, Betrieb, Business as usual, Benefit, Bestand, Brennpunkt, Back-out, Beuteschema, Basics, Best-Ager
C	Chaos, CRM (Customer Relationship Management), Channeling, Christmas-Season, Contest, Cooperation
D	Depression, Direktmarketing, Duales System, Debugging, Dump, Duplikate, Desaster, Dummy, Dimension
E	Einsicht, Eingabe, Erfolgskontrolle, Ertragsprognose, Einheitspreis, EMail, EDV, Einmalzahlung, Extra-Bonus
F	Fehlermeldung, Fehlerkorrektur, Freischaltung, Finanzierung, Feindbild, Feinabstimmung, Funktion, Franchise
G	Glückwunsch zum Kauf, Garantiezeit, Grundeinstellung, Gesamteindruck, Gateway, Grauzone, Geringverdiener
H	Hochstimmung, Highlights, Hyperlink, Handelsspanne, HW, Hackordnung, Halleffekt, Heuschrecke, HR
I	Interaktion, Integration, International, Interim-Solution, i.O., interne Kündigung, Interpolieren, Interieur, IC
J	Jammern auf hohem Niveau, Job, JCL, Just-in-time, Jahresabschlussbericht, Joker, Jahrhundert-Event, JIT
K	Kundennähe, Kurzschluss, Konkurrenz, Kreuzmodulation, Klima, Kern-geschäft, Kokolores, Kuchendiagramm
L	Leerlauf, Lagerhaltung, Logistik, Laufzettel, Lieferschein, Lkw-Maut, Lizenz, Lifecycle, Lifestyle, Lockangebote, LED
M	Multi-Level-Marketing (MLM), Mode-Label, Millenials, Milestones, Masterplan, Merchandising, Mismatch

N Nachfassen, Nachbestellung, Niederschrift, Numerus Clausus, Notfall, NDA, Normen, Novität, n.i.O.,

O Operator, OEM, Organisation, Overhead, Organigramm, Opponent, Oberfläche, Ordnungsprinzip, Outlook

P Priorität, Politik, Preis, Polytechnikum, Prozess, Pool, Prinzip, Provision, Pfand, Primzahl, Preview, Protektion

Q Quertreiber, Querdenker, Quantum, Qualität, QS/QA, Quintessenz, Quizz, Quotient, Quadrat, Quersumme

R Ramsch, Rausschmiss, Registrieren, Rundum-Service, Racing, rollender Zyklus, Retoure, Renner, RpM, RdW

S Sicherheit, Sensibilität, Systematik, Sonderausstattung, Superfood, Streitkultur, Singularität, Software, Startup

T Teamgeist, Teilerfolg, Transfer, Termin, Triggern, Tunnelblick, Tiefenwirkung, Trostpreis, Toleranz, Teilzeit, Timing

U Unternehmen, Umsatz, Umwelt, Untergang, Umfang, U-Eisen, Unit, Universalunternehmer, Utility

V Verständigung, Vollzeit, Vielseitigkeit, Vorzug, Vater-Sohn Prinzip, Vertrauen, Vergessenheit

W Wiederholung, Werksgelände, Waren, Workout, Weiterberechnung, Wechselkurs, Widerstand, World-View, Wow

X Xanthippen-Syndrom (Streitlust), X-Mas, XOR, X-beliebig, Xenon, Zing, XOXO (besonders herzliche Beziehung)

Y Yield, Y-Chomosom, Yava, Youngster, Young-Ager, Youtube, Yahoo, Yoga, Yuzu (Superfood), yeah (Ja)

Z Zenit, Zusammenbruch, Zeuge, Zitterpartie, Zungenbrecher, Zentraleinheit, Zahltag, Zyklus, Zenit, Zickzack-Kurs.

Auf eine Fortsetzung wird hier verzichtet, um den Leser nicht zu langweilen. Gehirn-Jogging braucht aber Denkstrecken.

Gesetze und Gesetzmäßigkeiten

Ohne Gesetzte geht nichts. Und weil das so ist, gibt es jede Menge „Gesetze“ zusätzlich zu den juristischen Verhaltensvorschriften, die sich aus der praktischen Anwendung und Erfahrung im Berufsalltag ergeben haben.

Manche sind allgemeiner Natur und bekannt, passen also auf viele Situationen im Alltag.

Andere wiederum sind speziell, passen also eher auf bestimmte Situationen und/oder bestimmte Berufsgruppen.

Aber sie sind Gesetze oder zählen zu den Gesetzmäßigkeiten mit einem hohen Wiedererkennungspotential.

Betrachten wir diese „Gesetze“ entweder als Warnhinweise für die eigenen Vorhaben, als Bestätigung der eigenen Erfahrung oder als Rechtfertigung der eigenen Fehler.

Wahr, d. h. praxisnah, sind sie ALLE!

Lesen wir mal nach, was sich so gestandene Praktiker als Richtwerte und Empfehlungen in Form von Gesetzen haben einfallen lassen. Wenn Sie nur einige davon in Ihrer eigenen Praxis wiedererkennen, ist ihr Wahrheitsgehalt so gut wie bewiesen.

Die bekanntesten Gesetze sind die MURPHY-Gesetze oder MURPHY’S LAWS. Aber es gibt noch eine Reihe weiterer Erkenntnisse. Hier einige zum Vergleich mit der praktischen Erfahrung des Lesers und zu dessen Erbauung.

Murphy's Laws

- Wenn etwas schiefgehen kann, geht es bestimmt schief.
- Nichts ist so einfach, wie es aussieht.
- Alles wird teurer als geplant.
- Jede Arbeit erfordert mehr Zeit als man hat.
- Es ist ein Naturgesetz, das nichts jemals richtig klappt.
- Bevor man eine Sache anfangen kann, muss immer erst etwas Anderes getan werden.
- Alles lässt sich solange verbessern, bis es letztendlich zusammenbricht.
- Jede neue Erklärung schafft neue Verwirrung.
- Wer anderer Meinung ist, kann nicht logisch denken. Je wichtiger eine Entscheidung, desto größer die Kommission.
- Mit zunehmender Dringlichkeit einer Entscheidung sinkt die Zahl der dafür Zuständigen.
- Sie können manche Leute immer und alle Leute manchmal zum Narren halten – und das genügt!“

Gesetzmäßigkeiten

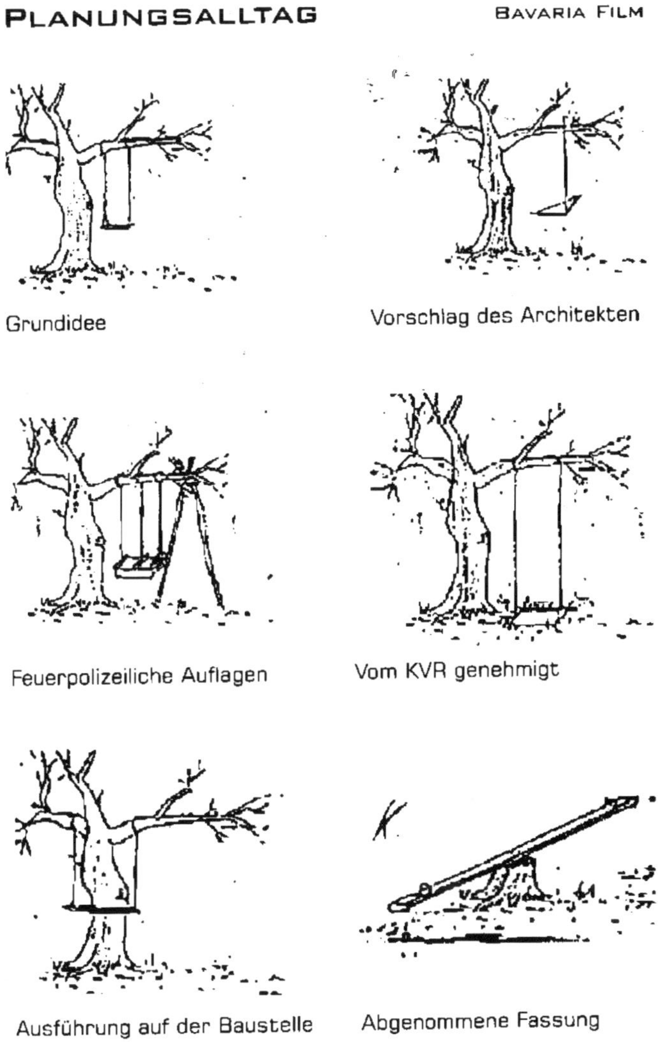

Von Karsten-Ingmar Ullrich (†)
(Tonmeister, Bavaria Film)

Weise Sprüche von Prominenten

Colson's Law.
If you've got them by the balls, their hearts and minds will follow. *Poster im Büro des früheren Nixon Beraters Chuck Colson*

Finagle's Creed.
Science is truth; don't be misled by facts. Finagle on corrections: When an error has been detected and corrected, it will be found to have even been correct in the first place. - *Anonymous*

Getty's Reminder.
The meek shall inherit the earth, but not its mineral rights. - *Ölmilliardär J. Paul Getty*

Herblock's Law.
If it's good, they'll stop making it. - *Cartoonist Herbert Block*

Hull's Warning.
Never insult an alligator until after you have crossed the river. - *Früherer Staatssekretär Cordell Hull.*

Merrill's Maxim of Instant Status.
In a democracy you can be respected though poor, but don't count on it.- *Autor Charles Merrill Smith*

Rule for Academic Deans.
First Hide! If they find you, lie! - *Pater Damian Fandal, University of Dallas*

Boyle's Law.
If not controlled, work will flow to the competent man until he submerges. – *Charles Boyle, NASA.*

Miles' Law.
Where you stand depends on where you sit. – *Früherer HEW Administrator Rufus Miles*

Another Murphy's Law.
It is impossible to make anything foolproof, because fools are so ingenious. – *Anonymous*

Agnes Allen's Law.
Almost anything is easier to get into then out of. – *Gattin des Yale Historikers Frederick Lewis Allen*

Anthony's Law of Force.
Don't force it, get a larger hammer. - *Anonymous*

Die 12 Programmierer- Gebote

Von Prof. Dr. Knut Hildebrand

(Absolut ernst gemeint!)

1. Du sollst an den Anwender denken und nach Möglichkeit Standards nutzen.

2. Du sollst keine langen Projekte machen (Komplexität vermeiden).

3. Du sollst die IT-Sicherheit ernst nehmen.

4. Du sollst mit Fehlern rechnen (Murphys Laws).

5. Du sollst deine Systeme und Prozesse vereinfachen und vereinheitlichen.

6. Du sollst keinen Versprechungen glauben.

7. Du sollst deine Daten schützen und Deine Programme sichern.

8. Du sollst deine Leute gut ausbilden.

9. Du sollst Qualität erzeugen und für Nachhaltigkeit sorgen.

10. Du sollst langfristig und strategisch denken.

11. Du sollst ein eingespieltes Team nicht wechseln.

12. Du sollst ein laufendes System nicht ändern.

Die 10 Prozessor-Gebote

Ich bin Dein Rechner, Dein Computer, der Dich vom Abakus befreit und in die Jetztzeit geführt hat.

Du sollst keinen anderen Rechner haben neben mir. Schütze mich durch Passwort und hüte Dich vor meinem Zorn.

Du sollst Spezifikationen erstellen, damit ich gut behandelt werde und keinen Workflow abrupt beende.

Du sollst mich nicht unbeaufsichtigt lassen, damit ich Dich nicht heimsuche aufgrund anderer Operator Missetaten bis in die 3. Session.

Du sollst meine Vorfahren ENIAC und Hollerith in Ehren halten, auf dass ich lange lebe und meine Performance eine entsprechende Würdigung erfährt.

Du sollst Viren wehren. Du sollst keine Programme abbrechen. Du sollst Dich nicht ergötzen an den Fehlern Anderer.

Du sollst nicht nach anderen Programmen schielen, bevor Du nicht meine Kompatibilität geprüft hast.

Du sollst mir keine Schuld zuweisen, bevor Du nicht meine Bedienungsanleitung gelesen hast.

Sechs Tage bin ich für Dich da. Da sollst Du mit mir arbeiten und alle Deine Aufgaben erfüllen.

Am 7. Tage aber sollst du ruhen, keine Programme testen, nicht im Internet surfen und keine Computerspiele spielen. Sonntag ist Sleep Mode Tag!

- Roswitha R. Kortheuer -

Kein Programm ohne Test – Kein Test ohne Testdaten
(Die Kunst des Programmierens)

Das Ergebnis muss die Absicht widerspiegeln

Die vorher genannten 10 Prozessor-Gebote habe ich (als enge Mitarbeiterin eines IT-Unternehmensberaters) einmal in Poster-Form graphisch verziert drucken lassen in der Überzeugung, dass das unserem Bekanntheitsgrad dienlich wäre. Das Echo war geteilt:

Die Bayern taten mich daraufhin ich Acht und Bann, die Rheinländer feixten und hingen es an die Wand, die Norddeutschen warfen es einfach weg, und die Ausländer verstanden es nicht.

Globales Denken hat bei so viel Individualität keine Chance. Das muss sich erst entwickeln. Es lebe die Evolution!

EVOLUTION

Verbale Kommunikation

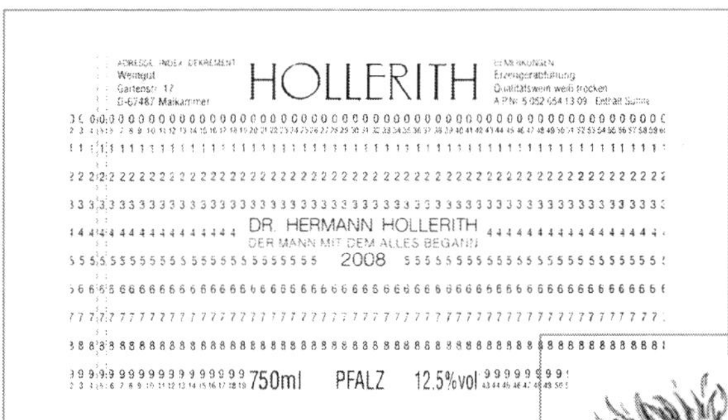

Hollerith einst...

... und jetzt!

Meinungsäußerung
Was man manchmal sagt,
würde man niemals schreiben.

Dichter & Denker

Dass es unter den vielen Handwerkern – wie auch unter Ärzten und Daten-Verarbeitern – auch Poeten gibt, ist eine Tatsache, die hervorgegangen ist aus dem Wunsch, es möge außer 0 und 1, JA und NEIN, Aus und Ein, Gültig oder Ungültig, Up and Down auch noch etwas Anderes geben – so etwas wie eine realitätsbezogene Poesie, ausgedrückt in Bildern, Liedern und Reimen.

Hier einige Beiträge von Lesern, die sich angesprochen fühlten, und etwas aus ihrer Praxis beisteuern wollten. Jeder Beitrag ist eine Bereicherung und ein POI (Point-Of-Interest) in unserer Sprachlandschaft. Ihnen allen sei herzlich Danke gesagt.

Gedankenaustausch

Könnte man Gedanken tauschen,
das wäre ein großer Gewinn,
die bösen gegen die guten,
damit die Herzen nicht bluten,
die falschen gegen die echten,
um Argwohn und Streit zu entflechten.

Ich frage mich also wie, wo und wann
fängt der Gedankentausch an?
Habt Ihr schon den Nächsten belauscht,
wie der die Gedanken austauscht?
Da wendet sich niemals ein Blatt.
Es findet kein Tauschgeschäft statt.
Man lässt seine Wortfunken blitzen,
ergötzt sich an eigenen Witzen
und bleibt ohne zu schwitzen
auf seinem Vorurteil sitzen
bis zum Tage des Jüngsten Gerichts.

Es ändert sich nicht.

Franz-Ulrich Gass

Stop

Das Volk der Bits im Land Byte,
man schrieb 01 der Nanozeit,
erwählte sich aus eignen Kreisen
den König, welcher Flop geheißen.

Flop war ein schneller Interrupter.
Er zog Register, hielt Adapter.
Und an der Spitze der Regierung
gewann er manche Assemblierung.

Flop emulierte fulminant
und fing den Cobol mit der Hand.
Einst sprach der 1. Programmierer
der Bitpartei zu Flop, dem Führer.

Es fehlt's Dir in dualem Sinn
zum Glück noch eine Königin.
Des ernsten Rates Ironie
bemerkt ja nur die Party.

Die anderen wählten klar und klipp
dem Flop ein Weib, die flotte Flip.
Flip-Flop, ein Hochzeitspaar mit Pracht.
Man schrieb die Nanozeit 08

Das Bitvolk jauchzte – auf zum Run,
zum Doppeljob als Festprogramm.
Das war ein flippen und ein floppen,
ein Zyklus nicht mehr abzustoppen.

Denn kypernetisch digital
wie weiland hexadezimal,
klang die Musik der Elektronen
schon hoch bis in die 11er Zonen.

Am tollsten trieben es die Timer,
der Multiplexer war im Eimer,
mit Dezimalen fuhr man Schlitten,
das Gleitkomma war ausgeglitten.

Im großen Overhead-Büro
kniff man Compilern in den Po,
und Bits addierten splitternackt
im Puffer zum ¾-Takt.

Ein Interface sang ordinär
die Watson-Hymne rein binär.
Man hatte Maß und Ziel verloren,
dem Supervisor kam's zu Ohren.

Du lieber Dump, welch ein Gezeter.
Greif ein, oh großer Operator.
Ein Druck – es kam der große Stop.
Halt – war das letzte Wort von Flop.

Abrupt erstarb der Bit-Gesang.
Na, seht Ihr wohl – Cherchez la femme!
Im Lande Byte geht seither stumm
bei Tag und Nach der Error um.

Rolf Caspers

FEHLER - ERROR

Manche Fehler merkt man erst in der Anwendung

EOM - End of Mouse

Maus unter Denkmalschutz

Die Maus – an sich ein graues Wesen –
Braucht man zum Schreiben oder Lesen,
zwar nicht als Sklave, sondern eher
als Fehlersuchworttextaufseher.

Die Maus ist meistens sehr verbunden
mit Laptops, wo sie sehr geschunden
ans Rentnerdasein öfter denkt.
Technik erhört, der User lenkt.

Statt Maus benutzt man jetzt die Finger,
die Finger werden auch geringer,
meist nur ein Touch oder ein Wisch
und schon hat Infos man ganz frisch.

Die Maus, sie stirbt, Gott sei's geklagt,
ein Denkmal ist jetzt angesagt,
denn wer die Zukunft mitgestaltet,
ist Dank gewiss, doch bald veraltet.

Trotz der Designermausgestaltung
mit artgerechter Mäusehaltung
bleibt konserviert und unvergessen
das MAUSeum in Bergheim-Glessen.
(www.mauseum.de)

(Aus den Gedichtband „Mehr Gedichte"
von Regina Ullrich)

EOD
End-Of-Day

In Erinnerung an Erich Dittmann
Maler und Grafiker
(1916 -1999)

(Abb. genehmigt)

Rotkäppchen auf Amtsdeutsch

<u>Tathergangsbericht:</u>
Im Kinderfall unserer Stadtgemeinde ist eine hierorts wohnhafte, noch unbeschulte Minderjährige aktenkundig, welche durch ihre unübliche Kopfbekleidung gewohnheitsrechtlich Rotkäppchen genannt zu werden pflegt. Der Mutter besagter R. wurde seitens ihrer Mutter ein Schreiben zustellig gemacht, in welchem dieselbe Mitteilung ihrer Krankheit und Pflegebedürftigkeit machte, der Großmutter eine Sendung von Nahrungsmitteln und Genussmitteln zu Genesungszwecken zuzustellen. Vor ihrer Inmarschsetzung wurde die R. seitens ihrer Mutter über das Verbot betreffs Verlassens der Waldwege auf Kreisebene belehrt. Dieselbe machte sich infolge Nichtbeachtung dieser Vorschrift straffällig und begegnete beim Übertreten des amtlichen Blumenpflückverbotes einem polizeilich nicht gemeldeten Wolf ohne festen Wohnsitz.

Dieser verlangte in gesetzeswidriger Amtsanmaßung Einsicht in das zu Transportzwecken von Konsumgütern dienende Korbbehältnis und traf in Tötungsabsicht die Feststellung, dass die R. zu ihrer verschwägerten und verwandten, im Baumbestand angemieteten Großmutter eilend war. Da wolfseits Verknappung auf dem Ernährungssektor vorherrschend war, fasste er den Entschluss, bei der Großmutter der R. unter Vorlage falscher Papiere vorsprachig zu werden.

Weil dieselbe wegen Augenleidens krankgeschrieben war, gelang dem in Fressvorbereitung befindlichen Untier die diesfallige Täuschungsabsicht, worauf es unter Verschlingung der Bettlägerigen einen strafbaren Mundraub zur Durchführung brachte. Ferner täuschte das Tier bei der später eintreffenden R. seine Identität mit der Großmutter vor, stellte ersterer nach und in der Folge durch Zweitverschlingung der R. seinen Tötungsvorsatz unter Beweis. Der sich auf einem Dienstgang befindliche und im Forstwesen zuständige Waldbeamte B. vernahm Schnarchgeräusche und stellt deren Urheberschaft seitens des Tiermaules fest. Er reichte bei seiner vorgesetzten Dienststelle ein Tötungsgesuch ein, das dortseits zuschlägig beschieden und pro Schuss bezuschusst wurde. Nach Beschaffung einer Pulverschießvorrichtung zu Jagdzwecken gab er in wahrgenommener Einflussnahme auf das Raubwesen einen Schuss ab. Dieser wurde in Fortführung der Raubtiervernichtungsaktion auf Kreisebene nach Empfangnahme des Geschosses ablebig.

Die gespreizte Beinhaltung des Totgutes weckte in dem Schussgeber die Vermutung, dass der Leichnam Menschenmaterial beinhalte. Zwecks diesbezüglicher Feststellung öffnete er unter Zuhilfenahme eines Messers den Kadaver zur Totvermarktung und stieß hierbei auf die noch lebhafte R. nebst beigehefteter Großmutter.

Durch die unverhoffte Wiederbelebung bemächtigte sich beiden Personen ein gesteigertes, amtlich nicht zulässiges Lebensgefühl, dem sie durch groben Unfug, öffentliches Ärgernis, erregenden Lärm und Nichtbeachtung anderer Polizeiverordnungen Ausdruck verliehen, was ihre Haftpflichtigmachung zur Folge hatte. Der Vorfall wurde von den kulturschaffenden Gebrüdern Grimm zu Protokoll genommen und starkbekinderten Familien in Märchenform zustellig gemacht. Wenn die Beteiligten nicht durch Hinschied abgegangen und in Fortfall gekommen sind, sind dieselben derzeitig noch lebhaft.

Autor unbekannt

Rotkäppchen für Hacker

Aus dem Lehr- und Lesebuch einer Computerschule

Es existete 01h mal ein kleines Mädchen, das defaultmässig ein AddOn mit Farbcode 12 auf dem Kopf trug. Aus diesem Grund war es in allen Systemen unter dem Alias „Red Cap“, bzw. der ID „RC“, bekannt. RC‘s $HOME war das Haus seiner ParentIDs und so erhielt es eines Tages den Command, eine Shell voller erfrischendem Equipment zum $HOME seiner ParentParentID zu moven. Also crunchte es Bandsalat, Mäuse, einen Apple, jede Menge Sauce Code, SoftICE und anderen Junk Food in die shell und wollte disconnecten. Seine ParentID übergab noch ein Warning: „Arbeite mit Fehlerkorrektur, meine Child-ID, das Routing führt Dich passthrough durch eine Tree Collection, die voller Danger ist! CRASHe also die Shell zu Deiner ParentParentID und disable den Error, rechts oder links vom Routing abzukommen! Und nimm bitte noch einen BackBone für den FIDO mit, ja?“.

RC bestätigte mit Errorlevel 0 und disconnectete. Als es jedoch gerade passthrough durch die Trees wollte, tauchte ein feindlicher Carrier mit der ID „WOLF“ so überraschend auf, dass RC einen Connect nicht mehr verhindern konnte.

WOLF hatte RC sofort an seinem *‘C‘ erkannt und war ganz darauf programmiert, RC‘s CRC-Summen zu hacken, um seine Fehlerkorrektur zu disablen und es auf eine abgelegene Bitmap zu locken. Doch RC befand sich zum Glück im Protected Mode und setzte Errorlevel 100:

„Access denied, Wolf“, repliete es, „Ich muss meiner ParentParentID diese Shell erquickenden Equipments crashen und habe keine Subrouting Privileges!“. Danach beendete es das Negotiating mit ALT-H und setzte sein Routing fort. WOLF hatte inzwischen einen enormen Mangel an Input und so besann er sich eines Trojans. Er benutzte einen nicht-postzugelassenen Carrier und war somit wesentlich früher beim $HOME von RC‘s ParentParentID als RC. Sofort machte er sich daran, einen Account zu erhacken. Die ParentParentID hatte eine Door in ihrem $HOME installiert, die jedoch durch ein Passwort geschützt war. „Enter your ID and Password, please!“ vernahm er von drinnen. „RC, Erquickendes Equipment“ rief WOLF mit gepatchter Stimme. Die ParentParentID fühlte sich wie in GURU‘S HEAVEN, dass ihre ChildChild-ID einmal wieder mit ihr connectete und vergaß dabei völlig jede Vorsicht vor „Trojan Wolfes“. Sobald WOLF jedoch Access hatte, disabelte er die ParentParentID und machte sie sofort zu seinem Input. Dann kopierte er ihre Oberfläche und ging auf Standby. Einige Einheiten später kam auch RC an und loggte sich ein. Das $HOME der ParentParentID schien unverändert, jedoch kam ihm der Owner irgendwie FAKE vor.

„ParentParentID, warum hast Du so eine lange Leitung?“ fragte es.
„Damit ich besser in der Badewanne chatten kann!“ sagte WOLF.
„ParentParentID, warum hast Du so große Festplatten?“
„Damit ich besser saugen kann!“.
„ParentParentID, warum hast Du so große Tasten?“.
„Damit ich Dich besser DELETEN kann!“.

Und mit diesen Worten jumpte WOLF auf RC und machte es zu seinem Input. Danach fühlte er sich buggy wie nach einem 10-Stunden-Chat und ging alsbald in den Sleep Mode. Wenig später kam ein befreundeter Virenjäger aus der Nahzone vorbei und fand das $HOME der ParentParentID DOWN. Da ihr System sonst recht stabil lief, beschloss er, das $HOME vorsichtshalber einmal abzuscannen. Schon beim ersten Ansehen des Directorys von $HOME fand er WOLF mit der kopierten Oberfläche der ParentParentID im Sleep Mode und den ID als Input.

„FATAL ERROR, SYSTEM HALTED!“ dachte der Jäger. „Und das einen Tag, bevor sie mir Hero‘s Quest XII kopieren wollte“: Doch in diesem Moment hörte er Voices aus dem High-RAM des WOLF:

„12h?“ – „Ja!“
„14h?“ – „Ja!“
„16h?“ – „Ja!“
„17h?“ – „Ja!“
„1Bh, 1Eh?“
„Limit überschritten!“

„Aha!“ dachte der Virenjäger, „Sie spielen virtuelles Skat! Das BIOS von WOLF scheint ja recht buggy zu sein. Dann kann ich sie vielleicht noch undeleten!“. Er schlich sich zu WOLF und machte vorsichtig einen Cut knapp über dem Bootsektor.

„Ohne 03h, play 04h, Cache 05h, Schneider 06h, V* bis 07h, announced 08h, geloosed 10h, again 20h, Contra 40h, Supra 80h, Du spreadest!“ vernahm er aus dem HOLE im WOLF.

„Connect!“ begrüßte er die beiden.
„Wie sind Eure Settings?“
„Thanx für das Bonus-Life!“ repliete die ParentParentID und RC appendete:

„Das war echt knapp, denn ich glaub‘, wir hatten echt keine Lifes mehr auf dem Level, ey!“

Damit der Patch an WOLF möglichst hidden blieb, editierte der Jäger ihn noch etwas, installierte den STONED-Virus, welcher perfekt das Gewicht von Steinen simulierte und closte ihn dann wieder. Als WOLF kurz darauf nach „active“ switchte, dauerte das Bootstrapping fast doppelt so lange wie gewöhnlich. „Boah, bin ich stoned“, brummte WOLF, als er endlich gebootet hatte. „Diese IDs machen mich echt buggy!

Ich muss dringend meine Performance tunen!“ dachte er bei sich und quittete, um etwas frische Bytes zu schnappen.

Kaum ausgeloggt, bemerkte er ein „WARNING: Critical water level!“ und wollte sich aus einem Brunnen etwas Wasser leechen. Das war jedoch genau die Condition, auf die der Stoned Virus gewartet hatte. Er schlug erbarmungslos zu, indem er eine riesige Stone-Simulation hochfuhr. Mit über 2000 cps wurde WOLF in den Brunnen downgeloaded.

Die ParentParentID, RC und der Virenjäger feierten jedoch einen großen Multiline-Chat und wenn sie nicht deletet sind, so phreaken sie noch heute.

Autor leider unbekannt

Sprache ist einfach wunderbar. Sie macht süchtig. Vielfalt und Ausdrucksstärke faszinieren. Wer die Sprache beherrscht, begreift ihre Möglichkeiten. Wer sie nutzt, spürt ihre Macht.

Vorausgesetzt, sie ist verständlich!

**Einigkeit und Recht
und Datenschutz**

Vielleicht sollte man Globalisch
einfach durch Latein ersetzen …

… ist nur so eine Idee.

FIRMENINTERNE SPRACHE

Abkürzungen beschleunigen auf jeden Fall die Kommunikation, weniger das Verständnis. Sie sollten nur schriftlich verwendet werden, ggf. mit Erklärung im Fußnotenbereich oder im Anhang, aber niemals in einem Vortrag!

MERKE: EINFACH UND DEUTLICH
ist besser als wortreich und verschlüsselt!

BE	Berichterstattung
EL	Ersatzleistung
FU	Fehlerursache
HA	Haftungsausschluss
KD	Kundendienst
KV	Kaufvertrag
MA	Mitarbeiter
OG	Obergrenze
RW	Rückkaufwert
SF	Schadensfall
SW	Software
TS	Totalschaden
WG	Wertgutachten

MERKE:
In der EDV hat Fantasie keinen Platz, nur Wissen. Was ich nicht weiß, macht mich nicht heiß, ist also etwas für den Privatbereich, nichts fürs Business.

- Alois Globuli – CEO

Memo = Interne Mitteilung
Der KV von Herrn XY enthält keinen HA für Mängel und muss deshalb dem zuständigen MA im KD erneut zur BE über den SF und die FU vorgelegt werden. Um ELS in Zukunft zu begrenzen, wird ab sofort eine OG für WGs festgelegt, die den RW insbesondere bei TS regelt.

Klartext?

Nicht nur in der IT, sondern auch in der Autoindustrie und in anderen Branchen werden massenweise Abkürzungen verwendet, allgemein bekannte und hausinterne, inländische und ausländische, und oft im gleichen Text kombiniert.

Die korrekte Übersetzung von Fachtexten z.B. eines französischen Unternehmens, das in Deutschland Geschäfte macht und dazu englische Begriffe verwendet, ist daher eine veritabele Herzensangelegenheit für Übersetzer mit hohem Infarktrisiko.

Dagegen hilft nur eins: Humor. Oder ein Gebet mit jährlichem Update. Bei Bedarf, siehe „OREMA“ (aus dem Frankfurter Maschinenbauer-Gebetbuch).

Frankfurt News: Neue Software-Routine „OREMA“ verhindert Maschinenfehler - erstmals publiziert am 1. April.

Wie aus jüngsten Veröffentlichungen der Amerikanischen Gesellschaft für digitale Impulsunterdrückung (ASPIC) hervorgeht, ist es nach jahrelanger Forschungsarbeit gelungen, ein sensationelles Softwareprogramm zu entwickeln. Die Routine wird in Fachkreisen als Meilenstein in der Geschichte der Systemtechnik bezeichnet, da sie die immensen, durch Maschinenfehler bedingten Zeitverluste weitgehend ausschaltet.

Der Programmname „OREMA“ ist vom Lateinischen Oremus (Lasset uns beten) abgeleitet.

Die Routine ruft in bestimmten Zeitabständen Gebete ab, in denen himmlischer Beistand für die Bewahrung des Kernspeicherinhalts, für die Festigkeit von Magnetisierungs-schichten und solcher Lötstellen erfleht wird, die besonderen mechanischen Anfechtungen ausgesetzt sind.

Die liturgische Struktur der OREMA-Routine gestattet den wahlfreien Ausruf wirkungsvoller, extern gespeicherter Stoßgebete in Lateinisch und Hebräisch.

Durch die OREMA-Unterroutine „Misère“ werden dreimal täglich sogenannte Messen zelebriert (Permanentanzeige an der Regie-Console sedezimal „8876“). Die ministrierenden Operators beschränken sich während dieser Zeit lediglich auf das Einlegen der Datenträger und das Eingeben sakraler Nachrichten (z.B. „Und mit Deinem Geiste“ oder „Kyrieeleison“).

Litaneien in Hebräisch können direkt über einen „Freien Kommunikationskanal (FKK)“ in die Zentraleinheit eingegeben werden. Lateinische Psalmen (Vorsatz: Tedeum) sind jedoch peripher über Platte einzuspeisen. Litaneien in Hebräisch haben sich als besonders wirkungsvoll erwiesen.

Obwohl von den Herstellerfirmen heute bereits fertige Gebetsprogramme alle denkbaren Maschinenfehler geliefert werden, kann der Programmierer von sich aus hinter jeden AMEN-Block Lochkarten mit Eigen-Anflehungen (Parameter JAUL) eingeben.

Spezielle Nothelfergebete stehen für selektive Programme und wichtige Tests zur Verfügung. Nach letzten Testläufen mit OREMA wird die durchschnittliche Maschinenfehlerzeit um 98,2% reduziert.

Wie aus gut unterrichteten Kreisen verlautete, wird OREMA für absehbare Zeit nur für die Ausmerzung von Hardware-Fehlern eingesetzt werden können.

Vom Verteidigungsministerium wurde jedoch inzwischen ein kybernetisch-theologischer Arbeitskreis eingesetzt, der sich mit der Entwicklung eines Software-Systems zur Abschaffung des menschlichen Versagens befasst. Die Fertigstellung dieser Programme (Arbeitstitel MEACULPA) ist jedoch nicht vor dem 1. April nächsten Jahres zu erwarten.

Das Modul OREMA steht zur Verfügung und kann bei Bedarf in bereits erstellte Programme eingebunden werden.

Waltraud Christ und Horst Buttlar

IBM-Sprache

Die Loads sind immer high

Es wird immer noch ...

... gepunched und gepaged und geswitched. Manchmal wird auch der KPR gemoved. Pins werden grundsätzlich gesquared, die Procedures dazu stehen im Datenfile. Am Checkpoint machen wir eine Sichtrepair. Hier kann es vorkommen, dass dies oder jenes Switcherle out of line ist – mit Tapewasser lässt sich da noch manches machen. Allerdings kommt es auf den Engineering Change an, der steht in der Spec. Auch der ganze Level ist wichtig, sonst versteht uns der Counterpart nicht. Daraus hat sich schon eine Regel herauskristallisiert: Merke: Wird ein Wort im

Deutschen wie im Englischen gleich geschrieben, so sprich es Englisch aus: Zum Beispiel Operation, Detail, Information, Justage, Situation, System. So wird es gesettled und nicht anders. Helfen Worte nicht, so muss ein Flipchart herhalten oder ein Beamer. Damit kann man allerhand machen: Man kann die History ein wenig updaten oder auch ganz developen. Man zeigt den Impact und den Yield. Auch sieht man, ob wir over Objective liegen.

Einer sagte mal: „Die Maintenance-Kosten werden expected wie folgt…“, der war aber nicht von Sales, sondern vom Top Management. Derselbe fand es auch gut, dass wir den Telefondienst subcontracten. Er hat sich selbst dafür committed. Will einer beim Drilling eine Cost Reduction machen, so sagt ein anderer einfach „No“. Auch sind die Loads immer high und alle Termine hot (deshalb haben wir Overtime). Vor allem dort, wo noch gewired wird oder das Copper drauf kommt – und dann der big Trouble mit dem Oxide!

Es ist übrigens auch schon gewirewrapped worden, und zwar bei der Customize Line. Dort sieht man auch die *„Bits, die das Wrap auf den Pin zu bringen haben.“* – wörtliches Zitat aus einem Vortrag! Beim Equipment, natürlich voll approved, kommt zuerst die Debugging Phase, daneben machen wir das Screen Coating für die Glassmaster, nachher wird geetched und dann geben wir unsere Comments zu den Actuals und Objectives beim Round-Table-Meeting. Hierfür nimmt man immer ein Package mit. Man will ja schließlich alle Requirements zu 100 % abchecken! Haben Sie die Department-Nummer? Wenn nicht, müssen Sie nochmals in die History gehen. Viel Spaß dabei! Oder ist noch was unklar?

IBM-Autor (unbekannt)

100 Jahre IBM

Und 2010, dem Jahr des 100-jährigen Bestehen der IBM sind die Loads auf dem Smarter Planet immer noch high, nämlich buchstäblich in den Wolken (Clouds)! Heute schon gecloud? Der Datenklau ist auch heute noch in vollem Gange und wird wohl bald ein neuer Wirtschaftszweig werden, wenn man nicht den NOT-AUS Knopf drückt. Der wird aber noch gesucht.

Und es geht munter weiter. IBM dominiert die Technik und somit die Sprache, und wenn man die sprachgewaltigen Ausführungen von Dozenten und anderen ‚Lehrmeistern' von heute (2019/2020) hört, dann ist man echt ‚geflashed'! Ein Trost zur Rettung der deutschen Sprache: Man schreibt das englische Wort jetzt einfach ‚deutsch', denn man weiß ohnehin nicht genau, wie man das eigentlich schreiben soll. Besser man umgeht diese Frage einfach, indem man das so schreibt, wie man spricht, also ‚gefläscht' – mit der Zeit wird sich das so einbürgern wie ‚chillen'. Was "gefläscht" dann wirklich heißen soll, muss man noch definieren.

Zur Wahl steht die positive Interpretation ‚angenehm überrascht' oder die negative mit ‚geschockt' oder ‚perplex', oder noch schlimmer ‚vom (Geistes-)Blitz erschlagen'.

Mittlerweile hat auch der (verschwundene) Begriff der ‚Leistung' in die deutsche Sprache zurückgefunden. Sie heißt zwar weiter ‚Performance', aber man schreibt sie jetzt ‚Performanz' mit ‚z' am Ende. Ein Musterbeispiel für GLOBALISCH, eine weltweit angewandte Sprache, in der man den globalen Begriff mit der landestypischen Schreibweise ‚merged' (sprich und schreib: möödscht), also mischt, und damit ein Fremdwort der landesspezifischen Sprech- und Schreibweise anpasst. Weitere Möglichkeiten bleiben der Fantasie des Lesers überlassen.

ANALYSE - TEST

Oder Fehlerursachenforschung (FUF)

Arbeitsüberlastungssyndrom

Nobody is perfect!

(Keiner ist vollkommen!)

Typische Probleme beim Übersetzen mit Computern

Man könnte glauben, ein Computer sei für Aufgaben wie Übersetzungen besonders geeignet. Schließlich kann er leicht die Bedeutung von Hundertausenden von Wörtern behalten. Doch obwohl sich ein Computer Dinge gut „merken“ kann, sind seine Fähigkeiten, Entscheidungen zu treffen, nicht die besten. Viele Entscheidungen, die eine Person während der Übersetzung eines bestimmten Satzes trifft, werden durch ihr „Weltwissen“ vereinfacht. Beispiele:

Das deutsche Wort „Bank“ bedeutet sowohl Kreditanstalt als auch Sitzgelegenheit. Wörter, die gleich geschrieben werden, jedoch unterschiedliche Bedeutungen haben, nennt man Homographen. Sie stellen den Übersetzer vor wenig Probleme, da er niemals „sie schreibt einen Brief an ihre Bank“ als „she writes a letter to her bench“ übersetzen würde. Seine Lebenserfahrung sagt ihm, dass Menschen dazu tendieren, eher an Kreditinstitute als an Sitzbänke zu schreiben. Der Computer hat dieses Wissen nicht.

Ein weiteres Problem stellt der Kontext dar, in dem ein bestimmtes Wort benutzt wird. Das deutsche Wort „Mutter“ kann sowohl den weiblichen Elternteil als auch ein Schraubenteil bezeichnen (während die englische Übersetzung für die zweite Bedeutung ‘nut‘ ist.

So kann „nut“ auch noch eine zweite, sehr schmackhafte Entsprechung haben kann, nämlich „Nuss“. In einem Text über Kraftfahrzeuginstandsetzung kann der Satz „Benutzen Sie eine passende Mutter“ nur meinen: „Benutzen Sie ein passendes

Schraubenteil". Solange dem Computer nichts Anderes mitgeteilt wird, könnte er hier auch eine passende Mama nehmen!

Zitat von Langenscheidt

Und dazu die Übersetzung eines Textes aus der Beschreibung einer Segelyacht:

> Der Piekfall wird nach dem Klaufall durchgesetzt und belegt. Oft wird geraten, die Gaffelnock so weit zu heißen, dass eine Falte von der Nock bis zum Hals entsteht. Wenn der Wind dann ins Segel fällt, verschwindet die Falte und das Segel erhält eine gute Wölbung.

Automatische Übersetzung:

> The pie case is after the theft case enforced and occupied. Often it is advised to call the Gaff nock so far that a crease forms from the nock to the neck. When the wind then falls into the sail, the crease disappears and the sail gets a good vault.

Natürlich haben die Ausländer mit uns das gleiche Problem. Sie denken in ihrer Sprache, suchen dann in einem Übersetzungsprogramm und „basteln" dann einen Text zusammen, den sie selbst verstehen, aber der Empfänger gar nicht oder erst nach langem Grübeln.

Beispiele einer Übersetzung aus dem Arabischen ins Deutsche mit Hilfe von Google: Diese Mitteilungen sind echt und kamen übers Handy. Diese Beispiele zeigen, dass sich auch ein Ausländer bemüht, sich mit seinem deutschen Partner oder Freund zu verständigen. Mit Google gelingt das manchmal sogar:

Ich will nicht, dass Sie in meinen Feind verletzt werden.

Hier wird nicht vor Terrorismus gewarnt, sondern höflich erklärt, warum ein Besuchstermin abgesagt werden muss. Für einen Araber ist alles, was ihm schadet, ein Feind, also auch eine Grippe!

> Soll also heißen:
> Ich will nicht, dass Sie sich anstecken.
> („Feind“ = Grippe)

Meine Frau reist und mit den Kinder in Sicherheit sein ich muss.

Hier wird der Satzbau verdreht, d.h. hier spricht nicht der Yeti-Meister, sondern ein Araber in Google-Sprache. Bemerkenswert hier (für einen Araber), dass er (s)eine Frau entlastet.

> Soll also heißen:
> Meine Frau ist verreist,
> ich muss auf die Kinder aufpassen

Handy-Texte kann man löschen, Computer kann man ausschalten. Gedrucktes auf DVD oder Papier kann man schreddern. Das papierlose, also rein digitale Büro kann aber zum Albtraum werden. Hat sich ein Virus erst einmal breitgemacht und satt gefressen, ist alles futsch, es sei denn, man hat sich eine Sicherungskopie angelegt.

Ein Ausdruck auf Papier als Datensicherung ist heute immer noch die beste, weil sicherste Methode. Das kann man ansehen und danach entscheiden: Ist das Kunst, oder kann das weg?“ Die Putzfrau war damals überfordert. Für sie war die teure Fett-Ecke von Beuys einfach Dreck. Also weg damit! Das kostet sie den Job und die Versicherung 50.000 EUR!!!

SORTIERRPOGRAMM
(menschlich)

Papier ist Rohstoff.
Bitte nur in die dafür vorgesehene
Behälter ablegen.

Mülltrennung ‚old style“ als Vorläufer zum Papierlosen Büro. Heute ist der Papierkorb ein Symbol auf dem Bildschirm..

Seminar für Sprachwissenschaft

Auszug aus einer früheren Web-Seite der Universität Tübingen:

Computerlinguistische Forschung
Die universitäre Forschung in der Computerlinguistik beschäftigt sich mit den theoretischen Grundlagen der maschinellen Sprachverarbeitung. Die Grundlagenforschung ist von zwei komplementären Erkenntnis-Interessen geleitet, die mit folgenden Spezialgebieten der Computer-Linguistik korrelieren:

Praktische Computerlinguistik
(Der folgende Paragraph ist 1 Satz!) Die Praktische Computerlinguistik hat die Aufgabe, Grammatik-Formalismen zu entwickeln, die eine adäquate Repräsentation sprachlichen Wissens auf der Ebene der Phonologie, der Morphologie, der Syntax, der Semantik und der Pragmatik ermöglichen, mit Methoden der Informatik Algorithmen der maschinellen Sprachverarbeitung, speziell der Spracherkennung (Parsing) und der Sprachgenerierung, zu entwickeln, und Programm-spezifikationen und –Architekturen für die Entwicklung von praktischen Systemen zu definieren und prototypisch zu implementieren.

Auf der Ebene der Grammatikformalismen haben sich seit Ende der 70er Jahre in der Computer-linguistik vor allem sog. unifikationsbasierte linguistische Theorien durchgesetzt. Diese Theorien gehen auf Arbeiten des Informatikers und Logikers Alain Colmerauer zurück und sind von Computerlinguisten, allgemeinen Sprachwissenschaftlern und Informatikern gemeinsam weiterentwickelt worden.

Die Algorithmen der maschinellen Sprachverarbeitung, die auf diesen unifikationsbasierten Grammatikformalismen gründen, greifen auf Techniken des Logik-programmierens und des Compilerbaus zurück und können als Spezialfall der logischen Deduktion verstanden werden. Deshalb wird der in diesen Theorien verfolgte Ansatz der Spracherkennung auch als „deduktives Parsing" bezeichnet.

Die logische Grundlage solcher Sprachverarbeitungsalgorithmen erlaubt es, Algorithmen der Spracherkennung und -generierung deklarativ und prozessneutral zu spezifizieren. Die deklarative Spezifikation von Algorithmen hat den praktischen Vorteil, dass sie in Programmarchitekturen für unterschiedliche Anwendungen eingebettet werden können. Das heißt, sie können sowohl für die Spracherkennung als auch für die Sprachgenerierung verwendet werden, bzw. für maschinelle Übersetzungssysteme mit einander verknüpft werden.

Theoretische Computerlinguistik

Der zentrale Gegenstand der Theoretischen Computerlinguistik ist in erster Näherung die menschliche Sprache unter dem Aspekt ihrer „Berechenbarkeit". Obwohl der Computer die Inkarnation eines effektiven Berechnungsmodells par excellence ist, gehen dabei der Aufgabenbereich und das leitende Erkenntnisinteresse dieser Teildisziplin der Sprachwissenschaft (deren weniger missverständlicher englischer Name Theoretical Computational Linguistics lautet) dabei über eine „Linguistik für den Computer" hinaus.

Unter einem Berechnungsverfahren wird in diesem Zusammenhang ein Vorgehen verstanden, bei dem ausgehend von einer endlichen Menge diskreter Objekte durch Anwendung eines vorher festgelegen Satzes von Regeln ein ebenfalls endliches, diskretes Objekt erreicht wird. Offensichtlich involviert etwa das Verstehen eines Satzes einen Berechnungsvorgang in diesem Sinn.

Sollte es sich herausstellen, dass wir unser wichtigstes Kommunikationsmedium nur durch den Rückgriff auf abstrakte Rechenvorschriften modellieren können, die jenseits der praktischen Rechenleistung aktuell vorhandener und für die Zukunft vorhersehbarer Computer liegen, wirft dieser Umstand tiefgreifende Fragen über den Gegenstand linguistischer Forschung auf.

Die Kognitionswissenschaft integriert in ihrem Forschungsprogramm Resultate und Methoden der kognitiven Psychologie, der künstlichen Intelligenz, der Sprachwissenschaft, der Philosophie, der Neuro-wissenschaften und der kognitiven Anthropologie. Sie geht von der Annahme aus, dass mögliche Antworten auf Probleme, die in ihren Bereich fallen, der einschränkenden Hypothese gehorchen müssen, dass Kognition in letzter Analyse als ein Verrechnen von (mentalen) Repräsentationen zu verstehen ist.

Sollten nun die Verfahren, die in der Phonologie, der Morphologie, der Syntax, der Semantik und der Pragmatik anzunehmen sind, von so extremer Komplexität sein, dass sie nicht nur die praktische Rechenleistung denkbarer Computer sprengen, sondern darüber hinaus aus dem Rahmen des oben skizzierten abstrakten Begriffs eines allgemeinen Berechnungsverfahrens fallen, dann wären nicht nur Hürden für die angestrebten Anwendungen der Computerlinguistik aufgerichtet, sondern eines der konkurrierenden Paradigmata, die das Selbstverständnis des homo sapiens leiten, wäre in ihren Grundlagen erschüttert.

Positive Rückmeldung

Ende einer erfolgreichen Sitzung

Die SESSION ist auch so ein vielseitig deutbarer Begriff: Arbeitsbesprechung, Abschnitt, Karnevalsveranstaltung ...
Und weil es irgendwie amüsant, aber trotzdem lehrreich ist, ein paar allerletzte Computer-Übersetzungen:

Die folgenden Übersetzungsbeispiele wurden vor einigen Jahren mit dem Google-Sprachtool erstellt und zwischenzeitlich stark verbessert. Der Vorgang über das Internet dauerte etwa 1 bis 3 Sekunden.

> Machine Translation (a hybrid engine, that is, a combination of Statistical-based MT (SMT) and rule-based MT (RBMT)) which includes machine learning and artificial intelligence.
>
> Erklärt von einem TO (Translation Office) in Argentinien mit globalem Anspruch.

Haben Sie das verstanden?

Heute hat man Sprachhilfen auf dem Handy, damit man sich im Ausland verständigen kann. Das gilt privat, aber nicht fürs Geschäft. Noch ist die Kommunikation einseitig – Nur-Lesen – Aber vielleicht hält man seinem ausländischen Gesprächspartner in Zukunft das Handy vors Gesicht, damit er dort hineinsprechen kann. Der Roboter übersetzt das dann in Sekunden – hoffentlich, ohne ein blaues Auge zu bewirken.

Man darf vermuten, dass die kindhaft-falschen Formulierungen bald der Vergangenheit angehören dürften. In der Tat sind deutliche Verbesserungen gemacht worden, aber Perfektion ist immer noch nicht in greifbare Nähe gerückt. Siehe auch „Reservierung“ unter APPS weiter vorn.

Der menschliche Übersetzer hat also im Vergleich mit dem Übersetzungsroboter noch eine Chance - dem weisen Produkt Manager sei Dank! Erfreuen wir uns deshalb noch etwas länger an den Übersetzungsversuchen von Robotern.

Die folgenden Beispiele sind keine Fantasie, sondern Realität - auf Kölsch: „Wie vonne PeeZee jemaat") -:

Deutsch:
Ich heiße Hans Maurer.
EN: I am called Hans's blicklayer.
FR: Moi les marçons chauds de Hans.

Deutsch:
Wie heißen Sie?
EN: How are you called?
FR: Comment vous appelez-vous?

Deutsch:
Man schenkte ihm keinen Glauben.
EN: One does not give him faith.
FR: On ne lui offre pas de foi.

Deutsch:
Man muss sie in die Mangel nehmen.
EN: One must take it into the lack.
FR: On doit lui prendre dans ceux le manqué.

Deutsch:
Nach dem schlechten Essen übergaben sie sich reihenweise.
EN: After the bad meal they handed them-selves over by the dozen.
FR: Après le mauvais repas, ils se sont transmis reihenweise.

English is easy

English is MIST

(in Anlehnung an „Dunkel ist der Rede Sinn“,
Friedrich von Schiller)
(Mist = Nebel)

Finden wir uns damit UP.

UP

Dank an die Einsenderin aus den USA! Sie schreibt:

Lovers of the English language might enjoy this:

There is a two-letter word that perhaps has more meanings than any other two-letter word, and that is UP.

- ☻ English was invented by people, not by computers, and it reflects the creativity of the human race, which, of course, is not a race at all.
- ☻ It's easy to understand UP, meaning toward the sky or at the top of the list, but when we awake in the norming, why do we wake UP?
- ☻ At a meeting, why does a topic come UP?
- ☻ Why do we speak UP and why are the officers UP for election and why is it UP to the secretary to write UP a report?
- ☻ We call UP our friends.
- ☻ And we use it to brighten UP a room, polish UP the silver; we are UP the leftovers and clean UP the kitchen.
- ☻ We look UP the house and some guys fix UP the old car.

At other times the little word UP has real special meaning.

- People stir UP trouble, line UP for tickets, work UP an appetite, and think UP excuses.

- To be dressed is one thing, but to be dressed UP is special.

- A drain must be opened UP because it is stopped UP.

- We open UP a store in the morning but we close it UP at night.

- We seem to be pretty mixed UP about UP!

To be knowledgeable about the proper uses of UP look the word UP in the dictionary.

- In a desk-sized dictionary, it takes UP almost 1/4th of the page and can add UP to about thirty definitions.

- If you are UP to it, you might try building UP a list of the many ways UP is used.

- It will take UP a lot of your time, but if you don't give UP, you may wind UP with a hundred or more.

- When it threatens to rain, we say it is clouding UP.

- When the sun comes out we say it is clearing UP.

- When it rains, it wets the earth and often messes things UP.

- When it doesn't rain for a while, things dry UP.

One could go on and on, but I'll wrap it UP, for now my time is UP, so it is time to shut UP! Now it's UP to you to decide whether or not English is easy.

Kirstin Macloud (USA)

Jeder Übersetzer wird das bestätigen. Manager sollten das aufmerksam lesen, um ihre Ansprechpartner nicht völlig zu verwirren. Selbst korrekte Übersetzungen oder richtig angewendete Ausdrücke sind nicht immer sofort klar zu verstehen. Deshalb ist die Ausdrucksweise für die Angesprochenen so zu wählen, dass die leitenden Leute diese nicht zu leidenden Leuten machen!

Verständliche Sprache
ist Balsam fürs Business

Beispiele:

☺ The bandage was wound around the wound.
☺ The dump was so full that it had to refuse more refuse.
☺ We must polish the Polish furniture.
☺ We could lead if he would get the lead out.
☺ The soldier decided to desert his dessert in the desert.
☺ Since there is no time like the present, he thought it was time to present the present.
☺ A bass was painted on the head of the bass drum.
☺ When shot at, the dove dove into the bushes.
☺ I did not object to the object.
☺ The insurance was invalid for the invalid.
☺ There was a row among the oarsmen about how to row.
☺ They were too close to the door to close it.

- ☺ The buck does funny things when the does are present.
- ☺ A seamstress and a sewer fell down into a sewer line.
- ☺ To help with planting, the farmer taught his sow to sow.
- ☺ The wind was too strong to wind the sail.
- ☺ Upon seeing the tear in the painting I shed a tear.
- ☺ I had to subject the subject to a series of tests.
- ☺ How can I intimate this to my most intimate friend?

Let‘s face it – English is a crazy language.

- ♥ There is no egg in eggplant, nor ham in hamburger, neither apple nor pine in pineapple.

- ♥ English muffins weren’t invented in England or French fries in France.

- ♥ Sweetmeats are candies while sweet-breads, which aren’t sweet, are meat.

- ♥ We take English for granted. But if we explore its paradoxes, we find that quicks and can work slowly.

- ♥ Boxing rings are square.

- ♥ A guinea pig is neither from Ginea nor is it a pig.

- ♥ Why is it that writers write but fingers don’t fing?

- ♥ Why do grocers not groce and hammers not ham?

- ♥ If the plural of tooth is teeth, why isn’t the plural of booth, beeth?

- ♥ One goose, 2 gees. So one moose, 2 meese?
- ♥ Doesn't it seem crazy that you can make amends but not one amend?
- ♥ If you have bunch of odds and ends and get rid of all but one of them, what do you call it?
- ♥ If teachers taught, why didn't preachers praught?
- ♥ If vegetarians eats vegetables, why do humanitarians not eat humans?

Sometimes I think all the English speakers should be committed to an asylum for the verbally insane.

- @ In what language do people recite at a play and play at a recital?
- @ Ship by truck and send cargo by ship?
- @ How can a slim chance and a fat chance be the same, while a wise man and a wise guy are opposite?
- @ You have to marvel at the unique lunacy of a language in which your house can burn up as it burns down, in which you fill in a form by filling it out and in which an alarm goes off by going on.
- @ That is why, when the stars are out, they are visible, but when the lights are out, they are invisible.
- @ PS. – Why doesn't 'Buick' rhyme with 'quick'?

Interface

Schnittstelle

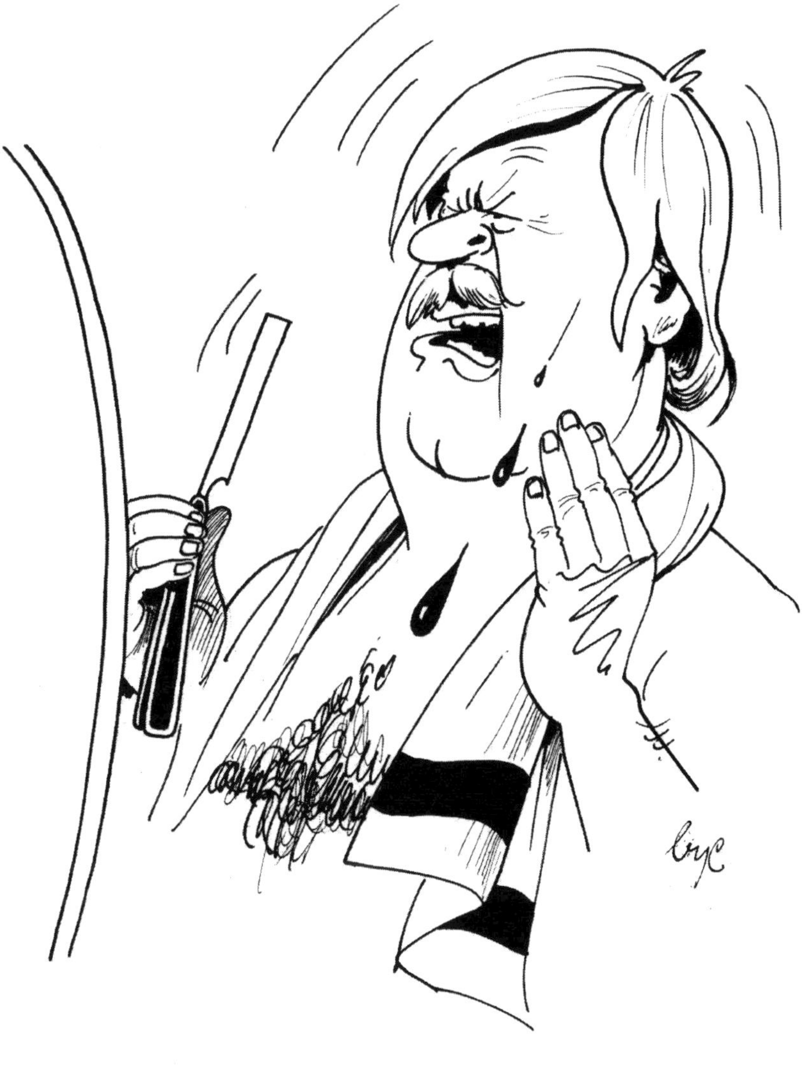

Schnittstelle
Häufige Fehlerursache in der Computerlinguistik

Computerlinguistik

Die Schnittstelle zwischen natürlicher Sprache und maschineller Verarbeitung ist die Computerlinguistik. Sie versucht, die menschliche Sprache mit den Ausdrucksmitteln des Computers in Einklang zu bringen, und das immer wieder und immer wieder – nun schon seit mehreren Jahrzehnten!

Das zeigt deutlich, dass die menschliche Intelligenz (MI) der künstlichen Intelligenz (KI) in puncto Geschwindigkeit nicht gewachsen ist. Ein Trost: KI ohne MI geht nicht, MI ohne KI geht, leider aber zu langsam. Der immense Kommunikationsbedarf zwingt uns jedoch, weiterzumachen – Nervige Endlosschleifen (z.B. Ansagetexte) kennen wir ja schon.

Mittlerweile haben wir Alexa, einen Roboter in Mülleimerform, der Befehle in menschlicher Sprache (sofern diese selbst verständlich ist) versteht und ausführt.

Auch das ist ein Beispiel von Computerlinguistik und Künstlicher Intelligenz. Hier reiben sich noch KI und MI aneinander. Beispiel:

„Äj-Ei" in Englisch für AI = Artificial Intelligence wäre eigentlich richtiger ausgesprochen „Art.-Ei", aber wir sagen für KI = Künstliche Intelligenz auch nicht „Kü-I", sondern „Ka-I". Selbst in Vorträgen an Lehrinstituten wirbelt man englische und deutsche Begriffe und Abkürzungen munter durcheinander, so dass die Sätze häufig zu gleichen Teilen aus zwei Sprachen bestehen. Die Welt spricht aber auch noch andere Sprachen.

In Frankreich sagt man für Künstliche Intelligenz = Intelligence

Artificielle = IA, wobei der wohlklang-affine Franzose „A-I“ benutzt (wenn überhaupt), und nicht entsprechend dem Nasallaut „int...“ mit („Änt-I“).

Der Spanier hat es da leichter. Seine Inteligencia Artifical = IA bleibt IA, und bei den Niederländern heißt das „Kunstmalige Intelligentie“ = KI, während man die Künstliche Intelligenz in Polen mit „Sztuczna inteligencie“ = SI bezeichnet.

Bei Sprachen mit anderen Schriftzeichen (Chinesisch, Japanisch, Russisch, Hebräisch, Arabisch ...) wird es dann richtig spannend. Hier ist die MI (Menschliche Intelligenz) gefragt, um Ordnung in das begriffliche Chaos zu bringen und in einer einheitlichen Sprache für alle = GLOBALISCH zu vereinheitlichen, gegebenenfalls mit Hilfe von Symbolen oder Piktogrammen.

Bleiben wir noch eine Weile bei der künstlichen Intelligenz im Alltag. Mit Mühe und Geduld erwischt man irgendwann einmal ein menschliches Wesen am anderen Ende der Leitung, das zuhört und versteht, was man sagt oder meint, vor allem dann, wenn der präzise Ausdruck fehlt und das eigentliche Anliegen nur umständlich oder wortreich umschrieben werden kann.

Lösung: Der Computer erleichtert uns das durch KI-Fragen. Das MI-Ergebnis ist aber nicht immer so wie gewünscht oder erwartet. Ein Beispiel dazu:

BOCK OR NULL BOCK – DAS IST HIER DIE FRAGE

Mancher Ausdruck bekommt im Laufe der Zeit eine ganz andere Bedeutung. Wenn man heute zu etwas keine Lust hat, hat man „null Bock“. Klingt irgendwie cool. Keiner weiß, woher das kommt und Sinn macht das auch nicht.

Wenn man also wider Erwarten doch mal zu etwas „Bock“ hat, zum Beispiel zum Lesen, dann würde das den Roboter verwirren.

Übersetzungsprogramme sind ja schon recht weit fortgeschritten. Also wissen die Programmierer auch, dass etwas unklar sein kann und lassen das klären. Wir kennen das schon. Gibt man auf der Google Zeile ein Wort ein und vertippt sich dabei, wird man gefragt:

„Meinen Sie ...?“

Geben wir in unserem Beispiel mal das Wort „Bock“ ein. Dann antwortet der Computer sprachgesteuert entweder schriftlich oder mit Synthetikstimme:
„Meinen Sie Tier oder Gier?“
„Keins von beiden“.
„Ähnlichen Begriff suchen?“
„Ja, bitte.“

Höflich gebeten zu werden, ist bei Computern nicht üblich. Computer brauchen Befehle. Also fragt der Computer:

„Nach Bitte suchen?“
„Nein, nach Lust.“ Antwort:
„Desire – Pleasure – Joy - Inclination – Passion“.
„Und was soll ich jetzt nehmen?“
„Meinen Sie ein Rezept?“
„Nein, Lust.“

„Kein Rezept für Lust vorhanden. Geben Sie einen anderen Begriff ein.“

„Ich habe bald keinen Bock mehr!“

„Meinen Sie Tier oder Lust?"
„Himmelherrgottnochmal."

„Himmelherrgottnochmal ist unbekannt. Anderen Begriff suchen?"
„Ich will endlich 'Lust' haben! Ich dreh' gleich durch!"

„Durchdrehen? Schwerwiegender Maschinenfehler. Empfehle Reset oder Stop".

„Ich bin keine Maschine! Ich bin ein Mensch, verstehst Du? Und zwar ein Mensch, der die Schnauze jetzt gestrichen voll hat!"

„Nächster Tierarzt Dr. Zange, Bohrweg 10. Nächster Anstreicher Willi Flitzig, Kleckerstraße 8."

„Sag mal, bist Du doof?!"

„Mein Name ist XP32-QA. Was kann ich für Dich tun?"

„Ach, leck mich doch!"

„Lecken nicht möglich. Andere Tätigkeit suchen?"

„Nein, nein, nein und nochmals nein!"

„Zu viele Wiederholungen. Bitte auf Restart klicken und neu eingeben."

Klick!

„Sanitäter!!!..."

FACHBEGRIFFE, TITEL UND ABKÜRZUNGEN

Jeder Global Player fügt zu der Unmenge an Umgangs- und Fachbegriffen weitere Begriffe hinzu, die er von seiner eigenen Sprache ableitet und als Alleinstellungsmerkmal empfindet. Wenn man das weltweit sieht, kann einem schon angst und bange werden.

Es wird uns nichts Anderes übrigbleiben, als 1 Sprache zu finden oder zu erfinden, die das Globale und das Lokale egal wo in der Welt abdeckt und – was noch viel herausfordernder ist – es müssen Begriffe sein, die überall in der Welt – egal wo – eindeutig sind und nicht missverstanden werden können.

Irgendwann wird es eine GLOBALISCH-App geben. Und die wird dann alle Unklarheiten solange hinterfragen, bis diese Selbstlern-App alles gelernt und alle Unklarheiten beseitig hat. Das kann dauern. Bis dahin müssen wir „selbst“ denken.

Selbstdenken müssen wir bei den vielen auf Knopfdruck abrufbaren vorgedachten Möglichkeiten noch üben – und in Übung bleiben! Sonst wird für uns gedacht, bis wir nur noch fremd denken und handeln können.

Finden Sie im folgenden Glossar heraus, was stimmt und was nicht. Benutzen Sie solche Begriffe selbst? Sind Sie sicher, dass Sie von Jedermann verstanden werden, auch von denen, die keine Fremdsprache sprechen und kein Abitur haben? Wenn Sie selbst Abkürzungen und/oder hausinterne Begriffe benutzen und hier nicht finden, dann setzen Sie sie einfach dazu. Merke: Verständliche Sprache ist Balsam fürs Business!

TERMINOLOGIELISTE

A

Abfragestation	Meldeamt
Abfühlbürste	Kurzhaarschnitt
Abhängige Konstante	Ehefrau
Abhäng. Variable	Geliebte
Ablage	Gegensatz von Auflage
Abnormales Ende	Fangschuss
Abreisskarte	Stabiles Clopapier
Absatzplanung	Schuhdesign
Absolute Adresse	Eros-Center
Abtastvorrichtung	Hand
Abzug	Teil des Kamins
Adresse eines Universalrechners	Anschrift eines Mathematikprofessors
Adressenträger	Telefonbuch
Aktives Fenster	Wanderrahmen
Algorithmus	Taktart
Allg. Kettencode	Durchfall
Alpha-Daten	Sportwagenkennzeichen
Andersonbrücke	Bauwerk in Schweden
Ankoppelraum	Kontakthof
Anodenstrom	Flüchtlinge
Anpassungslogik	Weibliche Logik
Arbeitsspeicher	Straflager
Arretierlöcher	Zellen im Knast
Ausfallzeit	Zahnwechsel
Aus-Stellung	Exhibistisches Gehabe

Ausweisleser	Polizist in Ostfriesland
Autoabstrakt	Eigenbaufahrzeug
Automonitor	Fernseher im Auto

B

Backbone	Gemüse, das nicht rohverzehrt werden darf
Ballpark	Tennisplatz
Bandpass	Ausweisform für Global Player
Barcode	Geheimsprache im Pub
Bareingang	Nachtclubpforte
Bauelement	Ziegelstein
Baukastensystem	Lego
Bedingte mathem. Erwartung	Leistungszulage
Befehlssatz	Dienstvorschrift
Befehlssprache	Kasernenhofton
Befehlszähler	Rekrut
Belanglose Info	Steuerbescheid
Belegleser	Buchprüfer
Benutzeroberfläche	Haut
Berechnung der Eigenwerte	Gehaltsvorstellung
Bereichscode	Postleitzahl
Beschleunigte Alterung	Folge unsoliden Lebens
Bestzeitprogramm	TV nach 20 Uhr
Betriebsstörung	Mobbing
Bewegliches Komma	Würmchen auf der Flucht
Bit	Obergäriges Bier
Bitkipper	Säufer
Blank	Zustand vor dem Ersten
Blocksatz	Springen im Viereck

Boot	Kleines Schiff
Booten	Schiff zu Wasser lassen
Buchse	Ausdruck für Hose
Bus-Maus	Busfahrerin

C

C++	Hochwirksames Vitamin
Call-by-call	Kanon
CDO	Chief Destruction Officer
Charakter	Seltene Eigenschaft
Charme	Abnormität bei Maschinen
Check	Zahlungsmittel
Checker	Zahlungsmittelprüfer
Checksum	Restgeld im Portemonnaie
Checksum Error	Ebbe im Portemonnaie
Chip	Knabbergebäck
Clinchpunkt	Klammerstelle
Closed Shop	Toilette
Cloudcomputing	Wettervorhersage
Cloud Security	Klimaschutz
Compiler	Kommunikationsspäher

D

3-Tier Architektur	Dezimierte Bremer Stadtmusikanten
Datenaufbereitung	Speise für Computer
Datenbank	Sitzmöbel für Zahlen
Datenpuffer	Leibgericht der Roboter
Datenquelle	Brunnen für Zahlen
Datensammlung	Hacker-Hobby
Datensenke	Gulli für Statistiken
Datenträger	Dienstmann für Zahlen
Dialog	Verständigungsversuch

Dialogbox	Telefonzelle
Dichtungsring	Pen-Club
Dielektr. Hysterie	Temporäre Krankheit
Diode-Heptode	Altgriech. Liebespaar
Distanzbolzen	Steilvorlage
Doppelwortbefehl	Hau ab!
Druckkette	Mittelalterliches Folterinstrument
Druckstellen	Knutschflecken
Dual	„Du Alte" auf Kölsch
Dummy	Bezeichnung für „Dummchen"
Dummy Record	Gipfel der Blödheit
Dünnschicht	Kurzarbeit
Duplizieren	Vermehren
Dynamik	Triebkraft (bei Maschinen)

E

1+1 Befehl	Rechenaufgabe für I-Dötze
EDI	Bekannter Postbote
Eichplatz	Ort mit alten Bäumen
Einbitspeicher	Bierglas
Eindeutigkeitssatz	Seitensprung
Fehlerkorrektur	Aufstehen
Einen Safe fahren	Geldschranktransport
Einfache Wurzel	Möhre
Einfacher Fehler	Verschlafen
Eingabe	Geistesblitz
Eingeschleppter Fehler	Hausfreund
Einsatz	Alternative zum 3-Sprung
Einsteckmutter	Mama im Taschenformat
Einstellschraube	Personalchefin
Einwortbefehl	Schnauze!
E-Learning	Ewiges Lernen

Elementarteilchen	Schulanfänger
Emulieren	Kunsthandwerk
Endlosdrucker	Perpetuum mobile
Entartetes	Moderne Kunst;
Triodengatter	Röhrenkonstruktion
Erkennungsgerät	Lupe, Brille, Fernglas
EWG	Einer wird gewinnen
Externer Speicher	Notizbuch
Extrapolieren	Besonders schön saubermachen

F

Fallstudie	Zusehen, wie einer hinfällt
Federbein	Teil einer Gans
Federnde Aufhängung	Henkerstrick aus Gummi
Feedback	Wiederkäuen, erbrechen
Fehlersuche	Schuldzuweisung
Fehlertoleranz	Großzügige Einstellung zu Fehlern
Feld	Acker
Festhaltezahn	Dauerfreundin
Festkomma	Satzzeichen, das auf seinem Standpunkt beharrt
Flachbett	Futon
Flankensteilheit	Fußballfluglinie
Flüchtiger Speicher	Container auf der Flucht
Folgebefehl	Komm!
Format	Seltene Eigenschaft
Formatierung	Manager-Ausbildung
Führende Nullen	Unfähige Vorgesetzte
Führungsstift	Manager-Lehrling
Funk-Maus	Radiosprecherin

G

G&V Rechnung	Mehr Glück als Verstand Rechnung
Gangverzögerung	Humpeln
Gateway	Schleuse
Gebrochene Welle	Brandung
Gedämpfte Sinuskurve	Entschärfte Rennstrecke
Gegensprechsystem	Streitkultur
Geladene Teilchen	Partybienen
Gelochte Spur	Stöckelabsatzpfad
Gepufferte Sprachausgabe	Stottern
Gerätetreiber	Wartungstechniker
Geräuscharmer Gang	Fahrt der E-Autos
Gerichtet wirkender Kreis	Rundgang im Gefängnishof
Gleichrichter	Salomon Nachfolger
Gleitkomma	Neuartiges Surfbrett
Graphentheorie	Konzept für Adlige
Grauzelle	Gehirnteil
Grobe Annäherung	Rempeln
Gruppenwechsel	Änderung der Zugehörigkeit

	H
Haftbefehl	Klebe!
Halbleiter	Manager mit beschränkter Befugnis
Halbrundkopf	Querdenker
Haltebefehl	Stopp!
Handschriftenleser	Wahrsager
Hardcopy	Höhlenmalerei in der Steinzeit
Hardware	Engl. Ritterrüstung
Harmon. Schwingung	Tanz
Hauptansicht	Portrait
Hauptschutz	Hut; Helm
Helligkeit	Grad von Intelligenz
Heuristisches Problem	Heimkehr aus Grinzing
Hex-Code	Zauberformel
Hijack	Amerik. Begrüßung von „Hans“
Hochfahren	Aufschrecken
Hopper	Junger Hüpfer
Horizontalkomponente	Callgirl
Hot Key	Heißer Schlüssel
Hysteresis	Arbeitsüberlastung

	I
IBM	Immer bis Mitternacht
ICL	Intelligenz-Club
Icon	Heiligenbild in Englisch
Identifizieren	Anstecken
Informationssuche	Redaktionsarbeit
Instabiler Knoten	Schimpfwort
Interface	Zwischengesicht
Intern.Leerlaufzeit	Büroschlaf

Interner Speicher	Gedächtnis
Introptic	Besondere Spleenart
Invalid User	Kriegsversehrter Kunde
Ionenstrom	Flucht aus dem Reservat

J

JAVA	Insel in Indonesien
JIT	Abk. für Jitterbug (Tanz)
Job Management	Agentur für Arbeit
Job Rotation	Trimm-dich-Pfad für-Karrieremacher
Jobkiller	Virus; Stromausfall
Justage	Englisch: Es ist nur das Alter

K

Kabelbaum	Botanische Züchtung
Kaltemission	Eiswürfengetränk
Kanalbefehl	Abtauchen!
Kartenleser	Briefkastenonkel
Kartenmischer	Skatbruder
Kartenreiter	Ausgefallene Sportart
Kathodenverein	Geheimclub
Kehrwert	Messwert für Besen
Kernspeicher	Lager für Obstkerne
Kette	Schmuckstück
Keyboard	Schlüsselbrett
Kinetische Energie	Horrorfilm
Kipppunkt	Höchster Alkoholpegel
Kippschwinger	K.O.-Schlag
Klammer	Anhängliche Freundin
Klemme	Unangenehme Situation
Kniehebel	Fehlschaltung beim Fahren
Kolbenglied	Fortpflanzungswerkzeug

Kombi-Rechner	Schreibt auch
Komplementdarst.	Gunstbezeugung
Konsole	Nachtkästchen
Konstruktionsfehler	Liliputaner
Kontaktgeräusch	Schmatz
Kontrolleinrichtung	Türspion
Kontrollierte Größe	Gardemaß
Kriechstrecke	Karriereplan
Kristalldiode	Lüster
Kühlflügel	Belüftetes Klavier
Kurvenabtaster	Lüstling
Kurvenbild	Pin-up Foto

L

Lab	Fluss in Tschechien
Laufende Nummer	Zahl in Bewegung
Laufkarte	Ersatz für Staffelstab
Laufwerk	Bein, Haxen
Leergang	Kurs f. Sonderschüler
Leerstelle	Teil des Gehirns
Leertaste	Taste ohne Text
Leporello	Unbekannte ital. Oper
Lesegerät	Brille, Lupe
Lesestation	Bibliothek
Lesezelle	WC
Listenerstellung	Beamtenhobby
Lochkombination	Piercing-Muster
Logische Konstante	Mutter
Lokal	Kneipe
Löschbit	Besonders großes Bier
Lose Kopplung	Bratkartoffelverhältnis
Lötöse	Französ. Diplomatin

Lotus Notes	Asiatische Memoiren
	M
Madenschraube	Holzwurmschreck
Magnetpole	Anziehender Ausländer
Manntage	Unpässlichkeit bei Männern
Manpower	Manneskraft
Markierungsleser	Pfadfinder
Markow-Prozess	Biermann-Parallele
Maschinen-Null	Unbegabter Techniker
Maschinensprache	Ratter – Fauch – Quietsch – Schleif – Schlurf – Rüttel – Säusel –ssspfffttt
Massenspeicher	Hochhaus
Mauser	Kleptomane
Mehrbenutzersystem	Pendelbus
Mehrplatzsystem	Schulungsraum
Menschlicher Denkvorgang	Versuch und Irrtum
Menütechnik	Verführung durch Kochen
Messerstecker	Mann aus dem Süden
Methode des schnellen Abstiegs	Rufen eines Unternehmensberaters
Microchip	Herz des Elektronikers
Mikrologik	Mindestanforderung an Programmierer
Mikroprozessor	Anwalt für Bagatellfälle
Mikrostrip	Erotische Kleindarstellerkunst
Mixware	Longdrinks
Mode	Epidemie in Stoff
Monte-Carlo Verfahren	Sicheres Geldloswerden

N

Nachlaufband	Hundeleine
Nachrichtübertragung	Ratschen (in Bayern)
Nacht-Design	Kreativer Blackout;
Näherung	Pirsch
Näherungsfehler	Anrempeln
Nano	Männliches Kindermädchen
Negat. Rückmeldung	Error!
Nennleistung	Nennenswerte Tat
Neonindikator	Leuchtreklame
Netzausfall	Katastrophe im Zirkus
Netzwerkknoten	Fehler im Fangnetz;
Netzwerktechnik	Feine Häkelkunst
Neutrale Zone	Niemandsland
Nichtflüchtiger Speicher	Guantanamo
Nullenunterdrückung	Schäbige Behandlung kleiner Angestellter
Nutzbandbreite	Dicke der Schnürsenkel
Nutz-Stör-Verhältnis	Lehrer-Schüler-Alltag

O

Obere Halbfläche	Hohe Stirn
OCR	Oil Cash Revenue (Maßeinh. für Scheichs)
Oder-Dioden-Gatter	Flussteiler
OEM	Ohne eigene Meinung
Oktaldarstellung	Verklemmter Sex
Ondograf	Buckliger Adliger
Opatronik	Elektronik für Senioren
Open-Shop Betrieb	Marktstand; SB-Laden
Optimale Ballung	Sardinenbüchse
Optische Anzeige	Blinzeln, Vogel-Zeigen

Oracle	Wahrsagerin aus Delphi
Organigramm	Transplantationsgewicht
Ortsfestes Instrument	Orgel
Oszillatortriode	Koloratur in einer Oper
Overflow	Überfluss

P

Papieranleger	Wertpapiersparer
Papierhalter	Wegwerf-BH
Papierstau	Stapelfehler
Passwort	Sesam-Öffne-Dich
Paste	Italienische Nudeln
Pentode	Schlafmütze
Pfad	Kleiner Weg durch den Daten-Dschungel
Pixel	Schmerzloser Einstich
Positionswandler	Stellenwechsler
Printer	Hersteller von Aachener Spezialitäten
Priorität	Tätigkeit eines Priors
Private Cloud	Raucherzimmer
Programm	Veranstaltungsplan
Programmablaufplan	Investitionslenkung
Prüfbit	Test-Bier
PTV	Permanente Trieb-Verdrängung
Public Cloud	Wolke 17
Puffer	Kartoffelspeise

Q

Quadratwurzel	Vierkantmöhre
Quanten	Große Füße
Quantentheorie	Orthopädisches Denkmodell

Quasi	Vorname eines Glöckners
Quersumme	Fliege, die nur quer fliegt
Quetschfuß	Unfallfolge
Queue	Stab im Billardspiel
Quintessenz	Scharfer Essig

R

Rabi-Methode	Jüdische Form der DV
Radioaktiv	Radio eingeschaltet
RAM-Speicher	Butterberg
Randsteller	Eckensteher
Raumsparschrift	Kleingedrucktes
Rauschzahl	Flattereinheit für Alkoholfahnen
Rechnerprüfprogr.	Mathe-Arbeit
Regeldrossel	Vogelart
ROM	Hauptstadt Italiens
Rom/Prom	Rennwagengeräusch
Ruhestellung	Horizontalposition

S

SaaS	Sicher auf allen Straßen
Sammelgang	Flur zur Kantine
Sandwichband	Fließband für Brötchen
SAP	Software auf Pump
Sättigungsbereich	Bauch
Schaltebene	Italischer Schaltbefehl
Schleife	Haarzierde
Schnappkontakt	Kurzes Anbändeln
Schneckenantrieb	Tierquälerei
Schnittstelle	Schmerzhafte Stelle
Schreibstelle	Büro; Amt
Session	Karnevalszeit

Signalwandler	Nachtwächter
Simulator	Eingebildeter Kranker
Sitzung	Aufenthalt im WC
Sockel	Kleine Socke
Software	Speiseeis
Spacebar	Weltraumtresen
Speicher	Dachboden
Sprungbefehl	Spring!
Spur	Hoffnung für Detektive
Stakeholder	Grillzange
Stammdaten	Familienchronik
Stellenspeicher	Behörde
Stellenwert	Gehaltsabrechnung
Steuerautomat	Finanzamt
Steuerelement	Lenker
Steuerkarte	Beleg fürs Finanzamt
Stibitz-Code	Sprache der Diebe
Störsignal	Weckruf
Strichcode	Sprache auf St. Pauli
Summenzähler	Imker

T

Taktgeber	Dirigent
Tangente	Seewasservogel
Tastenfeld	Anbaugebiet für Bedienungselemente
Taylor-Reihe	Ehemänner einer Schauspielerin
Tedis	Plüschbären
Thermograf	Warmer Adliger
Totpunkt	Achillesferse
Totspeicher	Friedhof; Sarg
Trickologie	Anwendung von Kniffen

Trimmer	Ausbilder
Twittern	Stenografieren im Internet
Typenvereinbarung	Absprache mit Gleichgesinnten

U

Überfüllungszeichen	Besetzt!
Überlappen	Übergroßer Stofffetzen
Überlasten	Besteuern
Überlaufen	Desertieren
Überschuss	Roman von A. Christi
Umschlagzeit	Einwickeldauer
Universalrechner	Mathematikgenie
Unveränderliche Adresse	Grabstein

V

Veränderliche Adr.	Anschrift der Freundin
Verbindungsaufbau	Internet-Suche
Verbindungsverwalter	Familienrat
Verdichten	Falschen Reim finden
Verfügbarkeit	Seltene Gegebenheit
Verhältnisregler	Standesamt
Verlustzähler	Konkursverwalter
Verriegeltes Arbeiten	Tütenkleben im Knast
Verstärkerklystrom	Popoläres Dopingmittel
Verzweigen	Jap. Blumenstecken
Vorschub	Vorwand

W

Wackelkontakt	Gestörtes Verhältnis
Walze	Kurzform „dicke Frau“
Wanderwelle	Wochenendsport
Wandler	Mann langsamer Gangart

Warteschlange	Kriechtier in Lauerstellung
Watt	Berliner Frageform
Wildlaufendes Programm	Erstergebnis eines Anfangsprogrammierers
Wortgenerator	Politischer Redner
Wortmaschine	Schwiegermutter

Z

Zahnstange	Neuheit in Dentaltechnik
Zeilentransport	Versand von Kurztexten
Zelle	Gefängnis
Zentraleinheit	Haushaltsvorstand
Zentrifuge	Besondere Musikform
Zone	Veraltet: DDR
Zufallsgenerator	Stromerzeuger mit Macken
Zugriff	Polizeieinsatz
Zugriffsarm	Beschaffungswerkzeug
Zugriffszeit	Maßeinheit für Taschendiebe
Zündstift	Lehrling de Feuerleger
Zustand	Aktuelle Situation
Zustandsanzeiger	Tüte der Verkehrspolizei
Zweig	Teil eines Baums
Zweiwertig	Vorn und hinten hübsch
Zwillingsprüfung	Kontrolle im Kreissaal
Zwischenraum	Zahnlücke
Zwischentest	Verlobung
Zykluszeiten	Unpässlichkeit bei Computern
Zylinder	Hut für besondere Anlässe

Zum Schluss

Es muss ja nicht immer der Chefsessel sein

Natürlich klingt Managersein gut – es verbindet Ansehen mit Geld, aber auch mit Wissen und Kompetenz. Der Aufstieg in einem Unternehmen, also die Karriere, wird bestimmt durch die gegebenen Möglichkeiten und das gesetzte Ziel. Je höher das Ziel, desto größer der Anspruch und desto länger der Weg.

„Facharbeiter händeringend gesucht“. Mittlerweile macht man Karriere auch als Facharbeiter oder „Expert“. Fachwissen und Können fördern Ideen und führen zu Innovationen.

Roboter führen nur aus. Sie denken nicht. Auch ihre künstliche Intelligenz wird nur einseitig entwickelt, nämlich um eine bestimmte Arbeit auszuführen. Die Befehle dazu aber geben menschliche Experten, nämlich Programmierer. Und diese wiederum erhalten ihre Anweisungen von anderen menschlichen Experten, die entwickeln und konzipieren und denken und die wiederum Experten brauchen, um das alles umzusetzen.

Und zu diesen Fachleuten gehören auch die Fachübersetzer, die verstehen, um was es geht, die sich hineindenken können in das, was da vorgeht, und die sich damit als Mitglied des Teams fühlen (dürfen), egal ob extern oder intern.

Ein funktionierendes Team ist ein Garant für Erfolg.

Computer bzw. die Digitalisierung soll das Team unterstützen, nicht ersetzen. Ein ernsthaftes Engagement, ein zähes Ringen um Wettbewerbsvorteile und um Vorsprung, ein kräfte- und nervenzehrender Einsatz für neue Ideen, immer wiederkehrende andere und noch größere Herausforderungen schließen aber ein Lächeln oder Freude am Tun nicht aus. Im Gegenteil. Gemeinsame Erfolge machen stolz, Erreichtes spornt an, und Spaß am Erfolg inspiriert.

Es muss nicht immer der Chefsessel sein. Leute zu leiten, ist nicht Jedermanns Sache. Auch die Ausführung einer klar gestellten Aufgabe kann höchst befriedigend sein und exzellente Ergebnisse bringen. Nicht die Größe machts, sondern die Haltung.

Unabdingbare Voraussetzung dazu aber ist, dass man miteinander kommuniziert, dass man Wege und Ziele definiert und das so, dass jeder weiß, wo er steht und was man verlangt oder erwartet. Und dazu gehört nicht nur, dass man miteinander spricht, sondern auch, dass man sich versteht – und das im wahrsten Sinne des Wortes.

Verständliche Sprache
ist Balsam fürs Business!

FAZIT

Verständliche Sprache ist ein hoher Anspruch. Das gilt besonders für die gesprochene Sprache, aber mehr noch für die Schriftsprache. Kommunikation findet schriftlich statt – Internet, Smartphone, Datentransfer zwischen Geschäftspartnern, und das weltweit und auch mit Ländern und Kontinenten, die besondere Schriftzeichen benutzen, die uns ungeläufig sind – beispielsweise Arabisch, Chinesisch, Myanmar oder Thailändisch. Alle vereint zurzeit noch Englisch. Man passt sich an. Das heißt aber nicht, dass man sein landesspezifisches Denken ablegt. Es wird die Zeit kommen, dass andere Schriftzeichen einen allgemein gültigen Symbolcharakter bekommen und damit als Zeichen oder Piktogramm auch in die Umgangs- und Geschäftssprache Einzug halten. Und wie wir das als Deutsche bereits heute mit dem Englisch tun, so werden bald neue Wörter und Zeichen, Symbole und Piktogramme verwendet werden, bis niemand sie mehr als fremd empfindet, sondern als Teil der eigenen Sprache, egal wo auf der Welt. Dann sprechen wir GLOBALISCH.

Verständlichkeit ist dabei oberstes Gebot. Beispiel: Einen Wasserwerfer benutzt man um Wasser zu werfen, aber einen Gabelstapler nicht, um Gabeln zu stapeln. Anstatt die mühsam erlernte und dann routinemäßig angewendete Rechtschreibung und Zeichensetzung zu verschlimmbessern (selbst ein Professor muss nachsehen, wie man heute etwas korrekt schreibt!), könnte man zumindest in der Technik versuchen, eine Art Normsprache zu entwickeln, die global anerkannt und damit angewendet wird. Zeichen und Symbole sind im Vormarsch. Sie machen die Sprache überflüssig, da sie global verstanden werden. Wir benutzen solche Zeichen bereits: An Autos und Gebäuden, für Gefahrgut, für den Hinweis auf Treppen, sowie Richtungspfeile und Parkschilder oder

Zentrastreifen. Die Verkehrszeichen sind aussagefähig genug und allen bekannt, die einen Führerschein haben oder erwerben und sie machen auch an Grenzen nicht halt, die es nicht mehr gibt (oder die wieder neu aufgebaut werden). Das Männchen oder Weibchen an der Toilettentür dient der eindeutigen Separierung. Aber es wird auch Neues geben, das allgemein und damit global gültig ist. So denkt man allen Ernstes über ein passendes Zeichen für Zwitter nach, damit der Schreckensruf „Huch!“ nach der Steh- oder Sitz-Session dem Erschreckten wie dem Erschreckenden erspart bleibt. Ohne Piktogramme wird es also nicht gehen.

GLOBALISCH muss kommen. Globalisch ist nicht schwer, wenn wir es richtig anfangen und dazu gehört vor allem, dass wir stilistisch an unserer Ausgangssprache arbeiten, um die Absicht in der Zielsprache deutlich zu machen. Wir unterzeichnen unsere E-Mails ja schon heute mit Grüßen in allerlei Sprachen oder benutzen ein Herzchen, wenn uns liebe Worte fehlen. Ist doch nett. Jeder weiß, was gemeint ist. So könnte man eine Landesflagge XYZ nehmen und ein Smiley davorsetzen, das heißt dann: Freundliche Grüße aus XYZ. Das ist kurz und verständlich und gut fürs Business „on-the-fly“ (im Flieger nicht auf der Fliege!).

Vielleicht wiederholt sich der gelegentliche Frust des unterforderten menschlichen Übersetzers im Blackout der App eines überforderten technischen Kommunikators. Der hat zwar mit der Menge der zu übersetzenden Wörter aus und in 6500 Sprachen kein Problem, wohl aber mit deren Ein- und Zuordnung. Dann versteht er nur noch „Bahnhof“ (nämlich gar nichts mehr) und schaltet ab. Jetzt hat der Kommunizierende den Blackout und der Kommunizierte den Frust. Der Mensch-Maschine Dialog als Hass-Liebe ist Fakt. Keiner kann ohne den Anderen. Und wenn man dann vom Business genug hat, frönt man der Worklife Balance.

WORKLIFE BALANCE

Ausgewogenheit zwischen Arbeit und Freizeit

O.o.O = Out of Office

Nichts bekommt der Worklife-Balance besser als
ein Lächeln
auf dem Weg nach Hause

EOP-€ →→→→→→→SOP-♥

(End of Production) (Start of Privacy)

$§↕@∞ ☼♫♫♥

LISTE DER ABBILDUNGEN

Wem das Lächeln fehlt ...
Jeder kann mal Unsinn reden ...
Memory Tools
Schuldzuweisung / Fehlermeldung
Wortschatz der Zielgruppe
Umgang mit Beamten
Von Grund auf gesund
Networking
Touch & Feel / Wertanmutung
Expert Overload
Maßeinheit für Fortschritt
Link / Buchse
Globalisch
Fehlinterpretation / AUS-Stellung
Global Cookies
Datenträger
Volltreffer
Umweltfreundliche Hybrid-Kuh
Programmierer
Vergleichsportal
Gedächtnislücke / Flüchtiger Speicher
Nachfolgeregelung
Vorrangstellung / Prioritäten setzen
Ausfallzeit
Innere und äußere Kündigung
Volksnähe
Karriere-Rennstrecke / Parallellauf
Datensammelwut
Gesetzmäßigkeiten
Testprogramm
Evolution

Verbale Kommunikation
Fehler merkt man erst in der Anwendung
End-Of-Day
Computare necesse est
Analyse-Test
Sortierprogramm
Feedback
English is easy
Computerlinguistik
Es muss ja nicht immer der Chefsessel sein
WORKLIFE BALANCE